SAINTE-BEUVE

Paris — Typ. PILLET fils aîné, 5, rue des Grands-Augustins.

SAINTE-BEUVE

L'OEUVRE DU POÈTE. — LA MÉTHODE DU CRITIQUE

L'HOMME PUBLIC. — L'HOMME PRIVÉ

PAR

JULES LEVALLOIS

> Tout homme qui a fait du bruit dans le monde a deux réputations : il faut consulter ceux qui on vécu avec lui, pour savoir quelle est la bonne et la véritable. (FONTANES.)

PARIS

LIBRAIRIE ACADÉMIQUE

DIDIER ET Cᵉ, LIBRAIRES-ÉDITEURS

35, QUAI DES AUGUSTINS, 35

1872

PRÉFACE

Un éminent critique, M. Paul de Saint-Victor, parlant de Sainte-Beuve, à propos du discours de M. Jules Janin à l'Académie française [1], a dit avec beaucoup de raison :

« Le portrait d'une physionomie si perçante, d'une âme si profonde, d'un esprit si merveilleusement complexe et nuancé, serait aujourd'hui difficile à faire ; il faudra, pour l'accomplir, le recul du temps, les confidences des témoins intimes de sa vie, l'étude patiente et attentive de son œuvre, qui est, à elle seule, un vaste travail. »

1. Voir le *Moniteur universel* du 13 novembre 1871.

Le volume qu'on va lire remplit, je l'espère, les deux dernières conditions et ne manque pas absolument à la première, puisqu'il paraît plus de deux ans après la mort de l'illustre écrivain. Sans doute, pour Sainte-Beuve la postérité n'a pas encore commencé, mais les vivacités de la passion contemporaine — hommages enthousiastes ou récriminations amères — achèvent de jeter leur feu, épuisent leur ardeur, et le calme qui précède l'histoire, qui la rend possible, se fait chaque jour davantage autour de ce nom. L'heure est venue des témoignages sincères, réfléchis, que le soupçon de vulgaire indiscrétion ne saurait atteindre, et des jugements, exempts de prévention, impartiaux dans leur modération sympathique, à l'aide desquels l'avenir formulera sa décision souveraine.

Les discours prononcés par MM. Jules Janin et Camille Doucet, dans la séance du 9 novembre 1871, n'ont amené dans mon travail aucune modification et ne lui ont rien enlevé de son utilité. Après avoir entendu ou lu les deux orateurs, on se trouve ne rien savoir de précis sur le compte de Sainte-Beuve; il reste une idée vague, incomplète, forcément inexacte. Ces appréciations glissantes, fuyantes, où les concessions faites aux vivants, tantôt gênent l'éloge, tantôt amortissent le blâme, où l'on est invariablement poli envers le mort, sans, pour cela, toujours être juste, où l'on s'arrête au moment d'entrer dans le vif, où l'à peu près, la convention, le respect humain triomphent et dominent, n'ont jamais été considérées comme des documents sérieux. Ce n'est pas là que l'historien possédé du désir de tout connaître, de tout raconter, que le biographe animé d'une curiosité insatiable, vont chercher leurs renseignements et leurs moyens de contrôle. Les manques de touche multipliés de M. Janin, s'ils sont impatientants au point de vue de la délicatesse, de la justesse littéraire, sont donc peu importants au point de vue de la certitude historique, et il n'y a pas beaucoup à s'en préoccuper. J'aurai à en relever quelques-uns pour caractériser le genre d'inexactitude familier à cet esprit sautillant, sémillant, sacrifiant tout à la fleurette, au pompon, à la phrase, et qui ferait au besoin, lui aussi, gagner à Pompée la bataille de Pharsale si cela pouvait arrondir et embellir sa période. Ces rectifications, je le répète, ne seront que pour le principe, car les erreurs du pimpant feuilletonniste, n'ayant aucune portée, ne tromperont personne ; on n'aura point l'idée de chercher dans son discours soit des détails pris sur la réalité, soit une critique sérieuse et approfondie [1].

Il est du reste singulièrement difficile, si au courant que l'on soit des anecdotes contemporaines, d'être réellement bien informé sur certains points quand on n'a pas vécu dans l'intimité de l'écrivain dont on

---

1. Mon livre est destiné à compléter ce que l'on sait sur Sainte-Beuve, non à répéter ce qui a été imprimé partout et que les écoliers mêmes savent. Cependant, pour répondre à une observation qui m'a été faite, je rappellerai que Sainte-Beuve, né à Boulogne-sur-Mer, le 23 décembre 1804, est mort à Paris le 13 octobre 1869. Il était de l'Académie française depuis 1845.

parle. C'est ce qui est arrivé à un de nos chroniqueurs, M. Claretie. Son feuilleton, du 6 novembre 1871, dans le journal *le Soir*, est de quelqu'un qui évidemment a très-peu et très-mal connu Sainte-Beuve. Il y a dans ce feuilleton une histoire de pistolets avec lesquels Sainte-Beuve devait casser la tête à ses auditeurs du collége de France, puis se tuer lui-même, qui est, comme narration dramatisée, du plus saisissant et du plus haut intérêt; mais je crains qu'en acceptant cette légende avec trop de facilité, M. Claretie n'ait laissé surprendre sa religion. Je n'étais pas, il est vrai, à cette époque, auprès du maître en qualité de secrétaire, mais déjà je m'y trouvais à titre d'ami. Je ne l'ai presque pas quitté pendant ces jours d'épreuves, surtout au moment de cette leçon annoncée, puis indéfiniment remise. Je n'ai jamais entendu parler de ce projet de *pistoletade* plus digne de Bruscambille ou de Scaramouche que d'un homme d'esprit, justement contristé et profondément offensé. Diverses personnes qui vivaient sous le même toit que Sainte-Beuve à cette époque, et avec lesquelles je me suis cent fois entretenu des péripéties de cette affaire, tiennent ces pistolets pour apocryphes.

Ce qui est vrai — et ce qui n'est pas à la louange des insulteurs — c'est que vers ce moment on écrivit à Sainte-Beuve des lettres anonymes où l'on cherchait à l'effrayer, que l'on vint heurter à sa porte, proférer devant sa maison des paroles grossières, et que pendant quelques soirées il fut ou se crut menacé. Sortant avec lui un de ces soirs-là, je le vis, avant de passer le seuil, mettre dans sa poche un poignard dont il n'eût pas hésité à se servir si on l'avait attaqué. Il ne tarda pas à renoncer à cette précaution. Le fait a été connu d'un petit nombre de personnes. Est-ce cela qui a donné naissance à la légende des pistolets? Je n'en sais rien; mais que ce soit cette insignifiante particularité ou quelque pauvreté du même genre, l'échafaudage dramatique pèche par la base, ce qui prouve que l'on ne saurait trop se méfier, lorsqu'on est un annaliste littéraire, des témoins sujets à caution et des mystificateurs.

La nécessité pour le journaliste d'écrire vite et de communiquer sur-le-champ au lecteur ce qu'il vient d'apprendre, ne lui permet pas aussi souvent qu'il le désirerait, de contrôler les renseignements qu'on lui donne. Il s'expose ainsi à répéter des interprétations qu'avec plus de réflexion et de sang-froid il serait le premier à écarter. Ce même article du *Soir* nous en donne un exemple.

Je ne crois certes pas que Sainte-Beuve eût la moindre raison d'être chaud partisan de la révolution de Février, qui interrompait sa vie littéraire et entravait dès le début sa carrière politique; je puis cependant affirmer à M. Claretie que si l'auteur de *Port-Royal* partit pour Liége en 1848 et y passa près d'une année, ce ne fut pas du tout comme paraît le croire le feuilletonniste, parce que Caussidière ou

Sobrier étaient de plus grands personnages que lui sous le régime républicain. Sainte-Beuve pouvait avoir ses rancunes et ses impatiences littéraires, mais il n'éprouvait aucune jalousie à l'égard des hommes politiques. Caussidière ou Blanqui ne lui inspiraient pas plus d'envie que ne lui en ont inspiré plus tard Morny ou Billault. Il y a des écrivains pour lesquels la littérature est le moyen et la politique le but : Sainte-Beuve n'était pas de ceux-là. La littérature a toujours été son objet principal et sa passion. Il n'a fait que des excursions dans la politique.

Très-probablement, Sainte-Beuve n'eût pas quitté la France en 1848, sans la déplaisante algarade que lui suscita un homme de talent, pour lequel il n'avait pas été très-juste, et qu'aujourd'hui encore, selon moi, la nouvelle école philologique traite bien trop légèrement. François Génin, prosateur excellent, esprit un peu paradoxal, mais distingué, polémiste anticatholique plein de verve, érudit ingénieux et piquant, ne possédait pas précisément un bon caractère et ne pratiquait en aucune façon le pardon des injures. Il profita de ce qu'au ministère de l'instruction publique, en compulsant de vieux comptes, on avait découvert une somme de cent francs au nom de Sainte-Beuve, pour mener contre celui-ci une campagne des plus actives. Sainte-Beuve n'eut aucune peine à démontrer que ces fameux cent francs ne le regardaient en rien et qu'ils avaient dû être alloués à la bibliothèque Mazarine pour faire réparer une cheminée qui fumait. N'importe, le coup était porté, la méchanceté consommée, la calomnie en route.

Ce qui blessa surtout Sainte-Beuve, ce fut le silence des hommes placés alors à la tête de l'instruction publique, tous ses anciens camarades et amis, qui, parfaitement sûrs de son honorabilité, ne soufflèrent pas mot et prirent un malin plaisir à le laisser dans l'embarras. Je ne nommerai pas ceux qui sont encore vivants et qui se repentent sans doute de ce vilain procédé, mais je ne

a.

saurais comprendre comment un cœur aussi noble, un caractère aussi ferme que Jean Reynaud, put donner accès aux intimidations ou aux séductions de l'esprit de parti jusqu'à tolérer ces interprétations blessantes contre un homme dont il faisait cas et qui a toujours su rester juste pour lui.

Ce sont ces raisons — ainsi que M. Claretie pourra s'en convaincre en lisant les premières pages du livre sur *Chateaubriand* — qui déterminèrent Sainte-Beuve à donner sa démission de bibliothécaire et à partir pour la Belgique. Le dépit, contre Caussidière et Sobrier, n'y fut absolument pour rien. Quant à la question de la jalousie littéraire, elle est beaucoup trop délicate et difficile à traiter pour que je m'y aventure. Voltaire était jaloux de Montesquieu et de Rousseau, Sainte-Beuve aurait bien pu l'être de Hugo ou de Balzac; mais quels que fussent ses sentiments intérieurs à leur égard, je ne crois pas qu'on puisse attribuer à l'envie la contrariété qui se pei-

gnait sur son visage lorsqu'on venait à prononcer inopinément devant lui le nom d'un
de ces trois écrivains.

« Il était facile de lui faire prendre sa tête
de Balzac, de Hugo ou de Michelet. » Ces
mots, cités par M. Claretie dans son feuilleton, sont de moi. Je les lui ai dits, il y a
plusieurs années, dans la liberté d'une conversation intime, absolument confidentielle,
et sans penser qu'ils dussent jamais avoir
les honneurs de la lettre moulée. Mais enfin
je les ai dits, et je ne dois pas me plaindre
si je suis traité un peu en *papier des Tuileries*
et divulgué malgré moi.

Ai-je voulu, dans ces paroles demi-plai-
santes, demi-exagérées, comme il en
échappe dans toute causerie amicale où
l'on se tient sûr de son auditeur, insi-
nuer que Sainte-Beuve était envieux des
écrivains dont les noms viennent d'être
cités? Nullement. Balzac lui avait toujours
été antipathique. Il l'avait vu commencer,
tâtonner, patauger dans le médiocre ou
l'extravagant, quand il s'appelait Villerglé

ou Saint-Aubin, et il ne se faisait sur lui aucune de ces illusions que les générations ultérieures ont grossies à plaisir. L'auteur des *Chouans* lui devint décidément odieux après l'inexcusable et indigne article de la *Revue parisienne* en 1840 [1]. N'oublions pas pourtant qu'à la mort de Balzac son ancienne victime publia, dans le *Constitutionnel*, un article très-équitable, empreint de bienveillance, et qui vaut mieux pour la mémoire du romancier que les louanges amphigouriques de ses admirateurs.

Les causes de dissentiment entre Sainte-Beuve et Victor Hugo sont assez connues pour que l'on me dispense d'y insister. Lorsque le critique vivait, les écrivains n'ont pas manqué qui, sous prétexte de s'intéresser à l'un ou à l'autre des deux amis séparés à jamais par les déchirements de la vie, ont prodigué les allusions malveillantes ou les souvenirs irritants. Non-seu-

1. Voir dans le présent volume, *troisième partie*, page 131 et suivantes, tout ce qui a trait à cet article et à la conduite de Balzac envers Sainte-Beuve.

lement je ne désire rien faire de tel, mais, au contraire, je veux rappeler que des deux côtés on s'est abstenu d'aller jusqu'au bout de ses ressentiments et de ses colères. Je ne crois pas que M. Hugo ait placé le nom de Sainte-Beuve dans les *Châtiments* et je l'en félicite. Quant à Sainte-Beuve, il me donna un jour à lire un article manuscrit qu'il venait de retrouver au fond d'un carton. Cet article, dirigé contre les excès de la manière de M. Hugo, était très-spirituel, très-mordant, très-pressant. Il avait pour titre, si je m'en souviens bien : *le Cyclope littéraire.* La tentation de le publier avait dû être forte pour l'écrivain, car on ne condamne pas volontiers à l'oubli des pages destinées de toutes façons à faire du bruit dans le monde. Le tapage eût été grand, j'en réponds. Sainte-Beuve sut pourtant se résister. Il y avait eu de part et d'autre assez de déceptions, de tristesses, d'amertumes : cet article lui parut une aggravation inutile et, satisfait d'avoir confié au papier son mécontentement littéraire, il jeta le manuscrit dans un carton et n'y pensa plus.

A l'égard de M. Hugo et de ses productions, le silence du critique a toujours été, du moins dans son intention, de haute convenance et de stricte dignité. Il ne faut pas croire cependant que l'artiste, le poëte en lui demeurât insensible ou indifférent à ce qu'il y a de vraiment beau dans *les Contemplations, la Légende des siècles* et même, disons-le — puisqu'aujourd'hui cela ne lui peut faire aucun tort, — dans *les Châtiments.*

Un soir, j'avais amené chez lui un jeune homme de beaucoup d'esprit qui se destinait à écrire, annonçait un prosateur de grand talent et est devenu rédacteur politique d'un des journaux du libéralisme avancé. Mon camarade (ce n'était pas un ami) joignait à une mémoire étonnante une véritable voix de sirène. Il excellait surtout à réciter les principales pièces des *Châtiments,* alors interdits en France et courus, comme tout ce qui est défendu. Il dit avec son charme accoutumé *la Cara-*

vane, *l'Expiation* et enfin *le Manteau impérial*. Après l'audition de cette dernière pièce, je jugeai la dose suffisante pour Sainte-Beuve, alors engagé en plein *Moniteur*, et levai la séance. Le lendemain matin, je fus tout étonné de l'entendre murmurer, allant d'une chambre à l'autre et grimpant les escaliers pour consulter ses livres, quelque chose qui ressemblait fort aux stances du *Manteau impérial*. Je n'en pouvais d'abord croire mes oreilles. Pourtant il fallut bien se rendre à l'évidence. C'était Sainte-Beuve qui récitait en brandissant le poing d'un air formidable :

> Acharnez-vous sur lui, farouches,
> Et qu'il soit chassé par les mouches,
> Puisque les hommes en ont peur !

Le sentiment de l'art faisait taire le parti pris ; le poëte l'emportait sur l'écrivain impérialiste. Voilà de ces choses qui n'arriveront jamais à un homme politique confit dans ses théories et bouffi dans son infaillibilité.

Les griefs de Sainte-Beuve contre Michelet étaient presque exclusivement intellectuels. On ne soupçonne pas, à moins d'avoir vécu parmi les hommes d'étude, combien les différences de méthode les séparent en leur créant une atmosphère spéciale où ils se complaisent et de laquelle ils ne veulent plus sortir. Cela se comprend. Une méthode pour l'érudit, le philosophe, l'artiste même, est généralement une conception absolue, un jugement porté sur l'ensemble des choses, une manière de vérifier ce jugement, et aussi de le traduire, de le manifester. Celui qui embrasse et professe une méthode en opposition plus ou moins directe avec la vôtre est nécessairement considéré (s'abstînt-il de toute polémique) comme un contradicteur, un adversaire, un ennemi. Ne vous accuse-t-il pas implicitement de fausse direction, de manque de sagacité, d'erreur?

Or, s'il y a au monde deux méthodes qui se contrarient et se combattent, ce sont bien celles de Sainte-Beuve et de Michelet.

L'historien de la Révolution française procède par larges touches, par des traits d'une extrême hardiesse, souvent heureux, quelquefois heurtés et saccadés. L'hypothèse lui est familière ; il la manie avec une dextérité prodigieuse et parfois, grâce à elle, arrive à de surprenants résultats. Il préfère les vastes horizons, les grandes lignes, aux incidents et aux détails ; pourtant il ne dédaigne pas, à son heure, et lorsque certaines préoccupations l'y incitent, de s'arrêter sur un petit fait, de l'examiner à la loupe, quitte à l'amplifier en le décrivant et à lui donner soudainement des proportions inattendues.

L'auteur des *Portraits contemporains* et de *Port-Royal* est un patient collectionneur de faits, de physionomies, de biographies, d'idées. Il réunit et dispose sous sa main, devant ses yeux, le plus grand nombre possible de documents authentiques. Après les avoir soumis à un contrôle sévère, à une analyse implacable, — mais seulement alors — il les interprète, les classe, leur donne une signification. L'hypothèse lui fait horreur. Autant la fidélité historique, la couleur locale qui se dégage des faits consciencieusement étudiés (comme chez Augustin Thierry, par exemple), lui est chère et respectable, autant l'intuition, la divination fondée sur un rapprochement ingénieux, sur une rencontre fortuite, sur une lueur fugitive, lui inspire de méfiance et d'éloignement. Son procédé de peintre se ressent de sa tournure d'esprit. Au lieu d'employer les raccourcis à la Michel-Ange, les empâtements à la Rubens, les flamboiements à la Delacroix, il a recours à une précision qui n'est jamais sèche, et qui, tout en rendant le vrai, lui conserve, quand il y a lieu, son émotion et sa teinte de poésie. Ce que ses tableaux perdent en puissance d'effet, en exubérance, ils le regagnent en exactitude indiscutable, en solidité à toute épreuve, en intensité de vie.

Les deux méthodes ont leurs partisans. Elles ont donné lieu à des démêlés, à des controverses ; on les a, tour à tour, et avec une égale partialité, sacrifiées l'une à l'autre. « Voilà vingt ans, disait Gœthe, que le public dispute pour savoir quel est le plus grand : Schiller ou moi. Ils devraient être bien contents qu'il y ait là deux gaillards sur lesquels on peut disputer. » C'est là un conseil dont les partisans de chaque méthode auraient eu certes besoin, et ils auraient dû se souvenir que, selon la vieille locution gauloise ; *abondance de biens ne nuit pas*. Au lieu de cela, des deux côtés on prit l'habitude de ne voir que les défauts du voisin et, sans éclat bien marqué, la rupture entre des écrivains d'abord personnellement sympathiques, devint peu à peu irremédiable.

Tels articles de Sainte-Beuve, *Mathurin Régnier et André Chénier*, où le parallèle poussé à outrance tourne quelque peu au paradoxe, *Désaugiers*, portrait assez flatté, dans lequel le critique se donne le tort d'évoquer à propos d'une jolie et grivoise chanson, *Monsieur et Madame Denis*, le souvenir de la plus chaste des élégies françaises, *Philémon et Baucis*, mettaient Michelet hors des gonds. Le maître n'imprimait rien et gardait ses observations pour l'intimité ; mais les disciples et amis, les Génin, les Pelletan, etc., se donnaient carrière et s'égayaient en railleries qu'ils croyaient fort piquantes. Sainte-Beuve n'était pas en reste de coups d'épingle et de pointes malicieuses. Tantôt il demandait comment un historien *qu'on avait connu plus grave* pouvait accorder créance à je ne sais quelle bourde de madame de Genlis, prétendant que le squelette de Pascal avait été livré au Régent pour faire de l'alchimie. Tantôt, énumérant les auteurs qu'on pouvait lire dans les soirées populaires, il conseillait Michelet *dans ce qu'il a de bon*, car, ajoutait-il avec une bonhomie narquoise, *il en a*. Une autre fois il jetait au bas d'une note cette épigramme qui visait l'écrivain autant que le système : « Méfions-nous du genre Michelet appliqué à Buffon. »

Il m'a été donné de contribuer à rétablir de meilleurs rapports entre ces deux grands esprits. Initié aux travaux et à la vie morale de M. Michelet, par son gendre, M. Alfred Dumesnil, et par un de ses amis, le charmant causeur rustique, Eugène Noël, j'étais plus à même qu'un autre de plaider auprès de Sainte-Beuve la cause de l'illustre maître, et je ne m'en fis pas faute. Reçu chez M. Michelet, j'y portais le même esprit d'apaisement et de conciliation. Il y a, dit-on, des gens qui parviendraient à faire battre des montagnes ; je mettais mes soins et mon amour-propre à rapprocher des sommets. Selon un mot que Sainte-Beuve m'appliquait souvent, j'ai toujours aimé à faire de bons petits paquets. Je ne réussis pas trop mal en cette circonstance. Les derniers articles de l'éminent critique sur le brillant et sévère historien de la royauté française sont parfaits de mesure et de courtoisie. De son côté, M. Michelet, dans l'Appendice d'un des volumes sur Louis XIV, a parlé de *Port-Royal* comme du « travail le plus délicat de notre époque. » Les anciens et vaillants adversaires

se sont salués de l'épée avant de la remettre au fourreau. Il y aurait eu mauvaise
grâce à exiger davantage de personnes en-
gagées si avant et placées dans des camps
si opposés. On ne pouvait se flatter de les
voir revenir au temps où M. Michelet, com-
mençant son *Histoire de France*, s'en référait
à l'autorité de *notre* Sainte-Beuve. Les irri-
tations se calment, les injures se pardon-
nent : c'est tout ce qu'on peut espérer et
désirer ; mais l'amitié brisée ne renaît jamais avec sa confiance touchante et dans
sa ferveur première. Du reste, dans ses
derniers rapports avec M. Michelet, Sainte-
Beuve montra beaucoup de spontanéité,
de franchise d'allure. Je n'ai plus très-pré-
sents à la mémoire les détails de ces petites
négociations, mais je ne crois pas me tromper en affirmant que Sainte-Beuve *fit* réellement *des frais* et que le plus réservé, le
plus diplomate des deux partenaires, ne fut
pas le critique.

Je remercie M. Claretie de m'avoir fourni
l'occasion d'insister sur les rapports de

Sainte-Beuve avec quelques-uns de ses contemporains et d'en préciser le caractère. L'homme ni l'écrivain ne se trouvent diminués par ces explications. L'accusation, ou du moins le soupçon d'envie, demeure écarté. Je n'ai rien à prouver au delà. Peut-être aurais-je eu à parler d'un document trouvé aux Tuileries et dont on a fait beaucoup de bruit; mais l'interprétation qui l'attribuait à Sainte-Beuve n'ayant pas été maintenue, le débat se trouve clos par le fait même. Mieux au courant des procédés intellectuels et moraux du maître, on se serait épargné une méprise regrettable.

M. Edouard Fournier, dans la *Patrie* du 13 novembre, a jugé l'auteur des *Causeries du lundi* très-sévèrement et l'a traité quelque peu à l'emporte-pièce. Je ne suis pas avocat d'office et l'écrivain que j'étudie n'est pas mon client. Par conséquent, je ne protesterai pas plus contre le jugement porté par M. Fournier que contre tous ceux qui pourraient survenir. C'est à l'œuvre de Sainte-Beuve de le défendre, et son biographe n'a d'autre devoir que de raconter les faits, de les exposer comme il les sait, comme il les comprend. C'est ce qui me détermine à relever, dans le spirituel et mordant article de M. Édouard Fournier, deux points sur lesquels je ne saurais être d'accord avec lui.

Le critique de la *Patrie* place en 1843 l'évolution littéraire en vertu de laquelle l'auteur de *Joseph Delorme* s'éloigna de ses amis du Cénacle pour se rallier aux doctrines classiques, tempérées, il est vrai, et mitigées, que représentait alors (et que n'a cessé de représenter) la *Revue des Deux Mondes*. M. Fournier cite même comme indication décisive l'épître intitulée *la Fontaine de Boileau*, publiée dans ce recueil le 1er septembre 1843 et qui est une sorte de palinodie habilement tournée. Je crois qu'à cette date Sainte-Beuve était déjà converti et décidé. On verra dans la deuxième partie du volume sur quoi je me fonde, et quelles raisons me font assigner 1840 comme terme extrême à un changement intérieur, déjà sensible depuis 1835. L'article intitulé *Dix ans après en littérature,* et inséré le 1er mars 1840 à la *Revue des Deux Mondes,* a pour moi la même signification que *la Fontaine de Boileau* pour M. Fournier. Toutefois ce n'est pas sur cette différence de trois ans que j'insiste. Elle est au fond trop peu importante pour donner lieu à une réclamation, et des conclusions qui se rejoignent à si peu de distance, se confirment plutôt qu'elles ne s'infirment.

Le point précis où je me sépare de M. Edouard Fournier, c'est lorsqu'il voit dans le succès de la *Lucrèce* de Ponsard et dans l'échec des *Burgraves,* représentés au printemps de 1843, la cause de la désertion de Sainte-Beuve, de son passage du camp romantique dans le camp classique.

« La chute des uns (*les Burgraves*), écrit-il en termes exprès, qui marquait une éclipse du romantisme, et le succès de l'autre (*Lucrèce*), qui semblait un renouveau du classique, avaient changé le vent sur les sommets littéraires.

« Sainte-Beuve, toujours alerte à voir d'où il venait, y tourna son aile et, comme premier hommage au navire noblement relevé dont ce vent gonflait la voile, il livra à son souffle le feuillet léger de l'*Epître à Boileau*, caresse de bienvenue au classique ressuscité, adieu discret au romantisme tombé. »

J'avoue avec tristesse que Sainte-Beuve n'a jamais eu pour les vaincus une passion bien opiniâtre, et qu'une fois au moins dans sa vie il s'est mis trop délibérément « *du côté du manche.* » Mais dans la circonstance dont il s'agit et en considérant quelle était sa disposition morale en 1843, je persiste à croire que la rupture était déjà consommée, et que le succès des *Burgraves* n'eût rien changé à l'opinion qu'il se faisait des nécessités et des ressources littéraires du moment. Ajoutons que Ponsard, auquel les admirateurs et les patrons n'ont pas fait défaut, n'a jamais eu dans Sainte-Beuve un chaud partisan. Le fin critique n'a pu se résigner à voir en lui pour la littérature française, ou seulement pour l'art théâtral, un Messie ni même un saint Jean-Baptiste.

Lucrèce n'avait pas à convertir un homme qui, sauf l'éblouissement d'*Hernani* compliqué de camaraderie, avait toujours tenu le théâtre romantique en médiocre estime et accueillait aussi froidement *Chatterton* que *Marion Delorme*. En vingt endroits de ses écrits Sainte-Beuve a exprimé hautement cette pensée, que le romantisme, triomphant dans la poésie lyrique, est resté au-dessous de lui-même à la scène et n'a pas su créer une littérature dramatique. Mais cela ne le rendait pas plus favorable aux essais des néo-classiques, et de l'école du bon sens. Ponsard ne l'a consolé ni dédommagé de rien, et je crains bien qu'il n'ait commencé à goûter Augier qu'à partir des *Lionnes pauvres* ou du *Mariage d'Olympe*.

Dans son feuilleton, M. Edouard Fournier aborde un point plus délicat et sur lequel la discussion est malaisée. Selon lui,

le rude accueil fait à Sainte-Beuve lors de
sa courte apparition dans la chaire de poésie
latine au Collége de France, portait principalement sur le croyant, sur le chrétien,
sur l'historien convaincu de *Port-Royal*.
Puisque cette interprétation s'est présentée
à un esprit aussi distingué que celui de
M. Fournier, c'est que probablement elle a
sa raison d'être. Je confesse que pour mon
compte je n'y avais jamais songé, et que je
ne puis en aucune façon l'accepter. J'ai
tâché précisément dans la troisième partie
de cette étude d'analyser les éléments dont
se composait la foule hostile au professeur.
Je n'ai pas pensé à y chercher des athées, et
j'ai peine à me persuader qu'ils fussent
nombreux. A prendre les choses plus simplement, Sainte-Beuve fut sifflé parce qu'il
était critique et impérialiste, parce que les
amours-propres blessés et les rancunes politiques trouvaient là une occasion unique
de se satisfaire et ne se sentaient pas dispo-
sés à y renoncer. Pour regagner à courte
échéance la faveur publique, il aurait fallu

que Sainte-Beuve tournât au radicalisme. Quant à l'athéisme, on n'avait malheureusement pas à lui en demander, à le solliciter dans ce sens, il n'était que trop en fonds de ce côté-là.

Sans adopter le point de départ de M. Fournier, sans accorder à son argumentation la valeur qu'il lui attribue, il est un fait sur lequel je suis obligé de tomber d'accord avec lui. C'est que les opinions professées par Sainte-Beuve pendant les dernières années de sa vie lui ont valu beaucoup de partisans qui, sans cela, eussent été des indifférents ou des adversaires. Il a groupé autour de lui les libres penseurs, ce qui est honorable, les esprits forts et les incrédules, ce qui est dangereux et fâcheux. Je ne vois pas cependant que, par ses écrits, ses paroles, ses actes, il soit allé au-devant des athées. Ce sont les athées qui sont allés à lui, l'ont embrigadé, l'ont pris pour patron bon gré mal gré, un peu à la façon des diables si prompts, dans *la Tentation de saint Antoine*, à violenter le bon ermite et à

b.

lui faire danser une ronde infernale en dépit de ses protestations.

Allons au fond de la question et tâchons
de n'y laisser aucune équivoque. Si l'on
s'en tient aux manifestations extérieures de
Sainte-Beuve, à ce qu'on peut appeler son
langage officiel, à ses articles, à ses discours
au Sénat, il n'y a ni texte ni matière à formuler contre lui une accusation d'athéisme.
En combattant l'intolérance religieuse, il
ne dépasse pas lui-même les limites de la
tolérance philosophique. Sur le terrain
qu'il occupe et qu'il défend, les amis de la
libre pensée, qu'ils soient catholiques à la
façon du père Hyacinthe, protestants comme
Athanase Coquerel et Félix Pécaut, déistes
comme Henri Martin, positivistes comme
Littré, le suivent volontiers, se font honneur
d'être ses compagnons, ses auxiliaires, quelquefois ses clients. Un intérêt prime tout,
celui de la liberté de conscience. Du moment que Sainte-Beuve déclare s'en ins-
tituer protecteur, contre la coalition des
hypocrisies mondaines et des conversions

séniles, on serait mal venu à le chicaner sur ce qui se passe dans son for intérieur. Puisqu'il a jugé convenable de se renfermer dans les termes généraux de la question, nous n'avons pas le droit de lui faire perdre le bénéfice de sa neutralité en le classant d'autorité parmi les athées, ou en insinuant que de cœur il était resté chrétien et même catholique.

Mais il ne s'agit point ici de subtilités, de vaines arguties. J'accorde et je reconnais (ce n'est pas mon regret le moins vif) que Sainte-Beuve était athée. Tout mon désaccord avec M. Fournier consiste en ceci que, selon lui, cet athéisme était un acte de complaisance, de courtisanerie envers le radicalisme, une avance faite de propos délibéré à la foule toujours grossissante des incrédules, des matérialistes, des nihilistes.

« Le doute, croyez-le bien, écrit M. Edouard Fournier, l'athéisme surtout ne furent que des masques pour lui. Où il n'y a pas de sentiment possible, il n'y a que des bravades. Comme tous les athées, mais avec plus de prudence et d'intérêt que la plupart, ce fut un fanfaron d'incroyance.

« L'athéisme d'hier est le déisme de demain, a-t-il dit dans son *Port-Royal*. Ce « demain-là » était déjà venu pour lui depuis bien longtemps quand il mourut. Sa popularité exigea qu'il ne le fît pas voir. »

Prenez-y garde. C'est aller bien vite et bien loin dans l'interprétation. Sainte-Beuve a eu dans sa vie une période catholique, relativement très-courte. On en trouve des traces sensibles dans les *Consolations, Volupté* et les premiers volumes de *Port-Royal*. Mais les dernières parties de cet ouvrage sont exemptes de tout piétisme et dénuées même du souffle religieux. On en peut dire autant de la collection entière des *Causeries*. Fils du xviiie siècle, dans ce qu'il a de plus arrêté et de plus négatif — ainsi qu'il a pris soin de nous l'expliquer dans un fragment devenu célèbre, — disciple d'Helvétius, de Boulanger, de la Mettrie, de d'Holbach, il est revenu dès 1840 à sa première direction philosophique, et il ne s'en est plus écarté. Qu'on interroge à ce sujet tous ceux qui ont vécu près de lui depuis cette époque (et il reste plus d'un témoin), on se convaincra que Sainte-Beuve, qui n'a que trop varié sur d'autres points, est demeuré sur celui-là d'une déplorable fixité.

La pénétration de l'habile commentateur de La Bruyère est donc en défaut lorsqu'il croit voir dans l'auteur des *Causeries* un nouvel Onuphre en sens inverse, un Tartuffe d'athéisme. L'incrédulité de Sainte-Beuve était sincère, radicale et absolue. Elle a été invariable et invincible pendant trente ans. Voilà la vérité. Je voudrais qu'elle fût autre, mais mon devoir est de la respecter et de la mettre en lumière. J'avais surtout à cœur de détourner de lui le reproche de fourberie et de tactique dans les choses de la conscience. Ce blâme, quelques-uns de nos contemporains les plus illustres l'ont mérité; Sainte-Beuve y échappe. Je ne mets pas l'incrédulité sur le même pied que la foi et je ne les enveloppe point dans une impartialité qui ne serait qu'une indifférence outrageante. Je dirai toutefois qu'à mon sens, si l'incrédulité comporte quelque point honorable ou excusable, c'est uniquement la sincérité. Feindre la croyance est horrible, mais jouer le doute et la négation serait le vrai péché contre l'esprit, celui que saint Paul flétrit si énergiquement, le seul, nous assure l'apôtre, que Dieu ne pardonne pas. Le triomphe du matérialisme nous condamnera peut-être à voir cette effroyable variété du mensonge, ce honteux déguisement de l'humaine lâcheté. Nous n'en sommes pas encore là, et l'on s'est trop pressé en attribuant à Sainte-Beuve des faiblesses que nous osons à peine concevoir chez les sensualistes et les ambitieux de l'avenir.

Madame de Lassay, une des rares honnêtes femmes de la cour du Régent, entendant, un jour, son mari se porter garant de la vertu immaculée de madame de Maintenon, ne put s'empêcher de lui dire : « Eh !

Monsieur, comment faites-vous pour être si sûr de ces choses-là? » Ce mot revient involontairement à la mémoire quand on voit avec quelle assurance M. Jules Janin parle dans son discours de ce qu'aurait fait Sainte-Beuve, de ce qu'il aurait pensé, des sentiments religieux qu'il aurait éprouvés et manifestés s'il avait assisté aux catastrophes du second siége de Paris. Plus d'une personne a été choquée de ces prédictions gratuites et que rien ne rendait nécessaires, ainsi que de certains passages où le récipiendaire en prenait un peu trop à son aise avec la vie privée de son devancier. Il en est qui ont été vivement blessées, entre autres M. Troubat, qui a, comme on le sait, entouré Sainte-Beuve de ses soins filiaux jusqu'à la dernière minute, et qui veille sur la mémoire du maître avec une courageuse, une constante sollicitude. Il m'a écrit, à propos de ces incartades de M. Janin, une lettre très-émue et très-intéressante. J'en donnerai ici la plus grande partie. Elle fait honneur à la chaleur d'âme et à l'intelligente fidélité de M. Troubat. Le ton est un peu vif et la pensée, sur quelques points, plus accentuée que je ne le ferais moi-même; mais on parle comme on sent, et la voix de l'affection a toujours l'art aussi bien que le droit de se faire écouter. Voici cette lettre :

Ce 6 décembre 1871.

Mon cher ami,

… Que M. Jules Janin regrette, comme il l'a fait l'autre jour dans son discours de réception à l'Académie française, « l'absence d'une épouse » auprès de M. Sainte-Beuve, c'est un singulier reproche, bien fait pour étonner dans la bouche d'un épicurien, disciple d'Horace. Ces questions de ménage devraient au moins rester étrangères aux Lettres. Mais, puisqu'on les remue, rien dans la vie de M. Sainte-Beuve ne saurait justifier l'insinuation *charitable* de son successeur, à moins que le célibat, comme la polygamie, ne soit devenu un cas pendable. M. Sainte-Beuve portait en tout, dans sa vie et dans ses écrits, le respect du prochain comme de lui-même. Ses anciens élèves de l'École normale se retrouveraient au besoin pour témoigner de la délicatesse avec laquelle il évitait, dans ses cours, jusqu'aux moindres mots ou allusions qui auraient pu blesser ou alarmer leur conscience. Mais dans la vie privée, il ne croyait

avoir à répondre de lui qu'à lui-même et à ne relever
que de sa propre conscience, et il se souvint toujours
d'avoir été Joseph Delorme dans sa jeunesse. Il ne
s'en repentait même pas, car elle est de lui cette
dédicace écrite de sa main dans les tout derniers jours
de sa vie sur un exemplaire de ses Poésies : « *Amico
R. de Chantelauze hæc juvenilia senex, nec tamen
pœnitens*, SAINTE-BEUVE. »

M. Jules Janin a commis encore cette banalité, de
prétendre que M. Sainte-Beuve se serait converti à la
foi catholique, s'il avait été témoin des effroyables
événements de 1871. Je crois, moi, au contraire,
qu'ils l'auraient confirmé de plus en plus dans ses
principes de liberté de pensée, où ne règne aucun
fanatisme, et où les opinions sont basées sur la raison. Il eût été peut-être de meilleur goût à l'Académie que l'auteur de *Port-Royal* ne reçût pas ainsi la
leçon de son successeur, pour des questions qui tou-
chent aussi profondément à la liberté de conscience.
Dans tous les cas, ce n'est pas, on peut le croire, la
mort de l'archevêque de Paris, qui aurait pu opérer
le miracle prédit par Janin. Plus d'un archevêque de
Paris est mort de mort violente, de nos jours. Mais il
y avait, à côté de l'infortuné prélat, un noble exemple
qu'il semblait plus naturel et plus logique d'invoquer,
puisque les événements de Paris devaient entrer pour
quelque chose dans le discours de M. Janin. C'était
celui du courageux président Bonjean, collègue de
M. Sainte-Beuve au Sénat, et défenseur comme lui de
la Libre-Pensée.

c

Voilà, mon cher ami, tout ce que j'avais à vous dire du discours de M. Janin. Quant à la partie purement littéraire, je la lui abandonne. Il y a longtemps qu'il s'est fait une *manière*, et à son âge on n'en change pas. Je vous ai dit les deux points qui m'avaient le plus choqué et blessé profondément dans son discours, parce qu'ils touchaient essentiellement à la vie privée et à la conscience de M. Sainte-Beuve. Tout le reste ne relève que de la liberté de critique et d'appréciation littéraire : on aurait trop à faire, sur ce terrain même, à relever toutes les erreurs de M. Janin.

En Sainte-Beuve, mon cher ami,

Votre tout dévoué,

JULES TROUBAT.

J'ai promis de noter quelques-uns des manques de touche de M. Janin; j'en signalerai deux seulement, et encore est-ce, comme on dit, pour le bon exemple. Dans une esquisse très-fantaisiste de la jeunesse de Sainte-Beuve, il parle de ses études, de ses travaux comme élève en médecine, et là-dessus, de s'écrier :

« L'aspect de ces affligés, leur peine silencieuse, la mère au chevet de son fils, le vieillard mourant abandonné!... Le jeune étudiant y perdit bientôt tout son courage. Il avait apporté de sa ville natale une tranquillité, un enjouement qui ne pouvait guère s'accommoder avec ces arrêts quotidiens de souffrance et de mort. »

Pure rhétorique ! Sainte-Beuve quitta tout simplement la médecine parce qu'il voyait la possibilité de se faire une prompte et brillante carrière dans la littérature. Quant à son enjouement, il n'aurait certes pas été un obstacle à l'exercice de sa profession, surtout à cette époque. Je l'ai toujours connu foncièrement triste, souriant rarement, fermé à la plaisanterie gauloise et au franc rire. Mais si on le compare, sous ce rapport, dans sa maturité et dans sa vieillesse à ce qu'il était dans la vingtième année, on le trouvera folâtre ou peu s'en faut. Jeune, il était lugubre. Relisez quelques-unes des pièces de *Joseph Delorme* et vous serez édifié à ce sujet. Rappelez-vous cette définition de sa muse assimilée à une fille pauvre et malade, délabrée par la misère et le travail.

> Elle chante parfois, une toux déchirante
> La prend dans sa chanson, pousse en sifflant un cri
> Et lance les graviers de son poumon meurtri.

Comme c'est gai ! Quel aimable enjouement ! Un homme si naturellement réjoui ne pouvait rester carabin. En vérité, c'est prendre une peine inutile que d'insister là-dessus, et l'on ne s'y est arrêté un instant que parce que tout le portrait est tracé avec cette sûreté de main et cette justesse de couleur.

Je voudrais bien savoir aussi pourquoi M. Janin prétend que Sainte-Beuve écrivit *Port-Royal* pour échapper au spectacle de nos troubles civils ? « Il prit la résolution de l'écrire dans un de ces moments cruels où la ville est pleine d'émeutes, où la foule est pleine de menaces. Eperdu et troublé dans sa tâche, il pensa que ce rude travail l'arracherait peut-être à tant d'inquiétudes. »

Il faudrait s'entendre. De quoi parle M. Janin ? Est-ce de la rédaction de *Port-Royal ?* Elle eut lieu de 1836 à 1837, en vue du cours qui devait être professé sur ce sujet à Lausanne, et à cette époque la

France était parfaitement tranquille. Est-ce de la composition première, des recher-ches, du classement des matériaux? Cette partie du travail doit remonter à 1834. Alors, en effet, Paris était agité, mais non au point d'interrompre le publiciste dans sa tâche et de le contraindre à se réfugier, à se renfermer dans je ne sais quel labeur spécial et mystérieux. Les émeutes appor-taient si peu d'entraves à l'activité de Sainte-Beuve qu'il travaillait en ce mo-ment-là même, avec beaucoup de verve et de succès au *National,* à la *Revue de Paris,* à la *Revue des Deux Mondes.* Il n'était ni éperdu ni troublé. Du reste, ce mot *éperdu* n'a pas grand sens sous la plume de M. Janin.

Dans cette même page de son discours consacrée à l'appréciation de *Port-Royal,* je retrouve *éperdu* au beau milieu de la phrase suivante : « A peine entré dans cette lecture, au bruit des chapelets qui s'agi-tent, vous restez *éperdu* de tant de science unie à tant de malheurs. » Pourquoi reste-t-on éperdu? A quel propos cet effarement?

Où diantre M. Janin a-t-il vu dans ce livre tant de chapelets s'agiter? Et comment trouvez-vous cette science (la science de Sainte-Beuve, probablement) unie à tant de malheurs (les malheurs de Port-Royal)? Que signifie cet assemblage incohérent et baroque? « Quand je lis Janin, avait coutume de dire Gustave Planche, je me figure toujours qu'il a dû commencer par jeter dans un chapeau tous les mots qui composent son feuilleton ; il les y pêche ensuite un à un, au hasard, et les malheureux mots s'arrangent comme il leur plaît. » C'est à se demander si M. Janin a eu recours, pour parler de *Port-Royal*, à ce procédé un peu leste. On n'est plus surpris qu'il ignore quand et comment cet ouvrage a été composé, car on finit par se persuader, au pêle-mêle et à la bizarrerie de ses jugements, qu'il n'y a jamais jeté les yeux.

M. Janin avait perdu de vue son modèle, il ne l'avait pas suivi dans la vie et, avec une légèreté inconcevable, il avait négligé d'étudier son œuvre. Comment cependant arriver à faire un bon portrait, à saisir la ressemblance d'une physionomie, à en exprimer le caractère, si l'on n'a fait que l'entrevoir dans les rencontres rapides et insuffisantes de la vie publique ou des réunions mondaines?

Sans doute, à trop vivre dans l'intimité d'un homme supérieur, il y a, pour l'écrivain qui se propose de le peindre ou qui s'y trouve amené plus tard, un danger réel, celui d'être séduit, circonvenu, de demeurer sous le charme. Les circonstances, en me séparant de Sainte-Beuve après plusieurs années d'une fréquentation quotidienne, m'ont permis d'échapper à ce péril; elles ont rendu à mes impressions et à mes jugements une liberté, une fermeté que peut-être sans cela ils n'auraient pas eues au même degré. Engagé pour mon compte dans la critique active, suivant une ligne, non pas opposée, mais différente, j'ai pu choisir mon point d'observation, prendre ma distance, faire mes réserves. L'intimité longtemps partagée me donnait l'explication de certains procédés littéraires et me mettait en mesure de contrôler efficacement la méthode employée.

C'est ainsi que j'ai été conduit à écrire sur Sainte-Beuve un livre qui, malgré des louanges très-méritées, n'est pas un panégyrique et encore moins, en dépit de sévérités nombreuses, une condamnation. Parmi ceux qui ont connu le maître, d'autres sans doute lui rendront témoignage; je lui devais le mien et je l'ai donné aussi complet que cela m'a été possible. Effacer tout à fait ma personnalité en une matière si intime eût été enlever à cette étude une garantie et un attrait. Je ne me suis donc pas désintéressé de mon sujet plus que cela n'était convenable; mais je crois y avoir porté assez de circonspection et de discrétion, un assez grand amour de l'exactitude à tout prix, pour avoir le droit d'inscrire au seuil de ce volume le mot qui servait de devise, de cachet à Sainte-Beuve : *Truth*, ce qui en anglais signifie vérité.

Paris, 5 janvier 1872.

SAINTE-BEUVE

PREMIÈRE PARTIE

L'ŒUVRE DU POËTE

Le dernier aspect sous lequel un homme célèbre apparaît à ses contemporains est, au sens élevé, le plus vrai, puisque les impressions antérieures viennent s'y résumer, s'y condenser ; puisque les disparates et les dissonances inséparables de l'existence humaine la plus régulière s'y réconcilient en une harmonie définitive et suprême. Pourtant, dans cet aspect final comme dans tout ce qui fait tableau d'ensemble, il y a évidemment plusieurs plans, des teintes singulièrement variées, des nuances à peu près infinies. On peut dire, sans crainte de se

tromper, de tout individu éminent qui a eu le bonheur de parcourir jusqu'au bout la carrière et d'accomplir sa destinée terrestre, qu'il a été successivement — souvent même à la fois — plusieurs
hommes. C'est dans ces diversités, dans cette multiplicité compliquée, qu'il faut se reconnaître et
s'orienter, si l'on veut sortir des appréciations générales, toujours confuses et vagues. Les œuvres
d'un écrivain qui a beaucoup et constamment produit s'offrent à nous en quelque sorte sur la même
ligne, et s'il y a probabilité que quelques-unes
d'entre elles nous frappent davantage, cette probabilité est en faveur de celles qui, couronnant sa vie
littéraire, sont plus voisines de nous, partant nous
sont plus familières. Mais lorsqu'on tient à rester
juste, on doit résister à cet entraînement superficiel et s'appliquer à replacer chaque ouvrage, ou
plutôt chaque série de compositions, à sa vraie
distance, à son rang historique, dans sa naturelle
perspective.

S'il est un littérateur à l'égard duquel il convienne surtout de procéder ainsi, c'est assurément
Sainte-Beuve. Bien qu'il eût en lui une force de
croissance continue et un principe de persistance
dont nous aurons à constater, à déterminer les

effets, nul écrivain n'a, dans le domaine intellectuel, tenté plus de voies différentes, obéi à plus de
suggestions ; nul non plus, dans son développement
original, ne s'est montré, si l'on peut risquer ce
terme, plus successif. Aussi ceux qui ne l'ont vu,
qui ne l'ont goûté et applaudi que sous sa forme
dernière, ceux qui n'ont apprécié en lui que le plus
lucide, le plus abondant, le plus charmant des
maîtres de littérature ; le philosophe hardi, de
bonne foi, radicalement émancipé — trop radicalement même ; l'homme public venu, ou à mieux
dire, revenu tard aux doctrines de liberté (*sera
tamen respexit*), mais fidèle jusque sur le lit de
mort aux conséquences extrêmes et aux applications positives de sa pensée, ne le connaissent pas
tout entier. Avant d'arriver à cette maturité, à cet
épanouissement, il a eu ses tâtonnements, ses pé-
riodes d'essai et d'incubation, ses phases prépara-
toires.

Je n'en veux faire ni le complet examen, ni
l'énumération détaillée. Il est deux de ces phases,
cependant, que je dois rappeler au plus grand
nombre des esprits, à la foule aisément oublieuse
et distraite : la longue collaboration à la *Revue
des Deux Mondes* (de 1830 à 1848), où Sainte-

Beuve, portraitiste et historien littéraire plutôt que critique proprement dit, cherche et dégage les principes en vertu desquels il procédera si délibérément, avec tant de verve et de succès, dans les *Causeries du Lundi;* puis, en remontant tout à l'origine, ses débuts et ses luttes poétiques.

Sans l'avoir suivi très-assidûment, sans revenir fréquemment sur ses travaux de cette époque, le grand public n'a jamais perdu de vue tout à fait le Sainte-Beuve de la Revue. Quoique beaucoup moins lus que les *Causeries,* les *Portraits littéraires* et les *Portraits contemporains,* qui contiennent l'immense labeur de ces dix-huit années, sont dans bon nombre de bibliothèques. Quant à l'œuvre poétique, je ne crois pas, en bonne conscience, que l'on en puisse dire autant. Hors quelques lettrés, quelques curieux, quelques raffinés, qui donc dans les générations actuelles connaît autrement que de nom, autrement que pour les avoir vues figurer sur des couvertures de livres ou sur des catalogues : *les poésies et les pensées de Joseph Delorme, les Consolations, les Pensées d'août?* Tout au plus répète-t-on, avec cette malice routinière qui ne s'accommode pas trop mal d'une certaine paresse d'esprit, quelques vers devenus

proverbiaux, quelques expressions discutables :
*Les coteaux modérés, Dans mon lit un œil noir,
Chapeau de paille au front, du côté de Saint-Leu,*
ou encore : *De grands tas au rebord des carrières
de plâtre.* Si l'on en excepte ces fragments sans
signification, qui sont devenus une sorte de jouet
banal, l'œuvre a sombré quasi complétement.

Il est difficile de n'en pas être étonné pour plusieurs raisons : d'abord, on ne saurait admettre
aisément qu'un écrivain qui, dans un certain
ordre, a fait preuve d'un talent supérieur, en soit
dans un autre genre de production entièrement
dénué. Ensuite, pour peu que l'on ait noté avec
quelque soin les jugements intimes de Sainte-
Beuve sur lui-même, on est frappé de voir quelle
importance, tout en y signalant avec franchise de
graves imperfections, il a toujours attachée à ses
compositions poétiques. Comment un amateur si
fin, si expérimenté, aurait-il pu se tromper à ce
degré sur son propre compte?

Une dernière considération se présente, qui
n'est pas la moins sérieuse. Sainte-Beuve, d'après
son témoignage formel, confirmé cette fois par tous
les hommes de goût, n'a cessé d'affirmer que le
critique chez lui procédait du poëte. Or, est-il ad-

missible une minute que d'un poëte digne d'oubli
puisse sortir un critique éminent? Voilà les questions qu'on se pose et qu'on ne peut éviter de ré-
soudre. L'indifférence du public à l'égard de telle
ou telle partie de l'œuvre d'un littérateur distingué
ne suffit pas pour nous dispenser d'une étude approfondie. Dans tous les cas, il n'y a que profit à
retirer d'un semblable examen, puisque nous cher-
chons non pas tant à nous édifier sur la valeur des
poésies de Sainte-Beuve, qu'à saisir dans leur
source première ses qualités et ses défauts, à bien
connaître un élément qu'il a constamment regardé
et désigné comme essentiel, comme pouvant fournir sur sa nature morale de précieuses indications.

I

« Au point de vue littéraire, *les Consolations*
furent celui de mes recueils de poésies qui obtint
auprès du public choisi ce qui ressemblait le plus à
un succès véritable. » Voilà ce que nous assure
Sainte-Beuve dans un avertissement daté du
16 juin 1861, et placé en tête du second volume de

ses *Poésies complètes*. Je tiens l'assertion pour exacte et ne suis pas embarrassé, en me reportant à l'époque, aux circonstances, d'expliquer ce succès relatif. *Joseph Delorme*, que *les Consolations* suivaient juste à un an de distance, avait beaucoup choqué la société polie de ce temps-là par l'âpreté du ton, la crudité des détails, le réalisme à outrance de quelques tableaux, la tendance très-marquée vers les doctrines matérialistes, et je ne sais quel souffle d'indépendance qui affectait par moments un air de révolte. *C'est Werther carabin et jacobin*, s'était écrié M. Guizot. La vertueuse duchesse de Broglie, dont les moindres paroles faisaient autorité dans le monde doctrinaire, avait murmuré d'une lèvre scandalisée le gros mot d'*immoralité*. Les amis et camarades du *Globe*, tout en lançant et soutenant le livre, avaient posé plus d'une restriction et ne s'étaient pas montrés très-édifiés.

La surprise fut donc grande et la joie fort vive chez les timorés, les puritains, les dégoûtés, quand ils virent paraître un recueil tout trempé de religiosité, et où le mysticisme dominait. On crut à une conversion ou du moins à un assagissement définitif, on applaudit avec chaleur, on ne se ménagea pas sur la louange. Je comprends que Sainte-

Beuve ait gardé de ces approbations un souvenir
agréable et qu'il aimât à se reporter, comme il
nous le dit, non sans bonhomie, vers cet instant
unique dans sa vie de poëte. Je comprends même
que le suffrage de tant de personnes distinguées
ait pu l'abuser sur la réelle fortune de l'œuvre et
sur son degré de réussite. Ses illusions sont excu-
sables. Ce ne sont toutefois, dans la rigueur du
terme, que des illusions, et nous ne pouvons nous
y associer.

On irait trop loin si l'on affirmait que ce qui
mérita aux *Consolations* un si bon accueil dans les
salons est précisément ce qui leur a nui, ce qui les
a perdues devant le public *non choisi*. Le mysticisme, quand il est sincère, facilement intelligible,
qu'il procède par grandes lignes et s'exhale d'un
souffle large, puissant, plaît à la foule, la séduit,
la transporte d'admiration. Que d'effusions mystiques dans les *Méditations* de Lamartine, et quel
applaudissement unanime elles lui ont valu! La
froideur du vrai public à l'égard des *Consolations*
ne vint donc pas des sentiments que l'auteur y exprime; elle tenait à la manière étrange dont ces
sentiments étaient manifestés et aussi à ce qu'ils
avaient d'inexplicable, d'illogique, de déroutant

sous la plume du poëte qui revendiquait hautement
la paternité de *Joseph Delorme*. La transition était
trop peu préparée, le démenti trop éclatant. On ne
pouvait admettre qu'une transformation si complète se fût opérée en un clin d'œil. Le public,
encore sous le coup des plaintes, des désespoirs,
des imprécations de Joseph Delorme, demeurait
tout ébahi d'une volte-face si soudaine et refusait
de s'y prêter. Ce qui, dans les salons, s'appelait
conversion et commandait la bienveillance, aurait
été volontiers, dans des régions sociales moins éle-
vées, qualifié tout autrement et d'une manière peu
flatteuse.

Est-ce à dire que l'écrivain doive rester étroitement fidèle et en quelque sorte rivé aux façons de
sentir, de penser, de parler, qui ont caractérisé sa
première œuvre? Les lecteurs sévères et quelque
peu moroses des *Consolations* manifestaient-ils
une prétention semblable? Nous ne le croyons pas.
Ils se rendaient fort bien compte que l'âme humaine, et particulièrement celle du poëte, est on-
doyante, changeante, mais ils ne reconnaissaient
à ces intimes évolutions qu'une cause naturelle et
légitime, — la plus absolue sincérité. Or, il n'y a
pas à s'y méprendre et ils ne s'y méprirent pas non

plus, autant *Joseph Delorme*, dans les pièces principales et déterminantes du recueil, s'annonce comme une œuvre pleinement sincère, autant, presque d'un bout à l'autre, *les Consolations* sont marquées au cachet du factice, de l'artificiel.

Avant d'aller plus loin, il est nécessaire de s'entendre sur le sens du mot sincérité. C'est spécialement et expressément de sincérité littéraire que je parle ; je ne songe point à me hasarder sur le terrain de la conscience, à pénétrer dans le secret de l'âme. Sainte-Beuve, dévotieux et mystique dans *les Consolations*, ne joue point la comédie. Ce qu'il dit, il le sent, ou, ce qui revient à peu près au même pour sa décharge morale, il s'imagine le sentir. Pourtant son second recueil, travaillé avec tant de soin et d'amour, sonne faux, tandis que dans le premier la vérité psychologique éclate et s'impose.

C'est qu'il y a en nous des dispositions passagères, accidentelles, à côté de nos tendances strictement personnelles, foncières, indéracinables. Il y a des sentiments qui sont inséparables de notre être, qui en sont réellement constitutifs et qui s'expriment d'eux-mêmes, sans que notre volonté ait le moindre effort à faire pour les solliciter, les provoquer. Mais à côté de ces sentiments qui sont nous-mêmes, il en est qu'on se donne, qu'on s'inocule, qu'on s'apprend. Ceux-là, toute l'énergie du vouloir n'est pas de trop pour les cultiver, les entretenir, les mettre en jeu; toutes les habiletés de main et de métier, si l'on est artiste, sont à peine suffisantes pour assurer leur expression, pour les revêtir de quelque éclat. Eh bien! dans *les Consolations*, Sainte-Beuve n'a exprimé que des dispositions passagères, que des sentiments non pas de commande, mais de surface. Portant dans l'ordre moral la conception de la symétrie artistique, il s'est dit que tout à côté et en regard d'une œuvre de désolation, des chants rassérénants et consolateurs feraient bon effet; que ces deux constructions littéraires, semblables aux deux ailes d'un bâtiment, formeraient pendant et seraient l'une à l'autre un excellent vis-à-vis. Il est parti de là pour chercher, pour ramasser tout ce qui lui tombait sous la main en fait de thèmes pacifiants, de motifs édifiants, d'inspirations saines, calmantes; et comme dans ce genre d'impressions, de sentiments, il ne trouvait pas grand'chose en lui-même, comme son fonds sceptique et matérialiste était absolument muet sur le chapitre des remèdes moraux, il se tourna vers le catholicisme, tâchant de lui emprunter ses vertus bienfaisantes, sans de près ni de loin recourir au dogme, effleurant et glissant dès qu'il le rencontrait.

Pour tenter une pareille entreprise, il fallait que Sainte-Beuve se trompât sur l'essence de la religion catholique et sur la façon dont il convient de l'aborder pour en retirer des consolations effectives. Le catholicisme ne se laisse pas prendre en détail et à petites doses. On l'accepte ou on le rejette en bloc, on n'y fourrage pas capricieusement et à sa fantaisie. Il ne souffre point qu'on le débite par tranches, par portions, ni qu'on fasse servir des bribes plus ou moins industrieusement dérobées à des placages littéraires. Il donne à ceux qui croient la justesse, la pénétration de l'accent ; voyez Eugénie de Guérin, madame de Lamartine ; il la refuse à ceux qui essayent de croire sans y parvenir. Sainte-Beuve a fini par se convaincre de cette vérité ; mais malheureusement il n'est arrivé que bien tard à cette persuasion. Pendant longtemps il s'est appliqué, il s'est consumé à christianiser son style sans pouvoir christianiser son âme. La tentative était chimérique et il a dû, en fin de compte, y renoncer.

Ses œuvres eussent beaucoup gagné à ce qu'il prît ce parti dès le commencement de sa carrière. Ce ne sont pas seulement *les Consolations* qui sont traversées et gâtées par cette religiosité parasite, c'est aussi *Volupté*, ce sont les premiers volumes de *Port-Royal*. Lorsque, dans ces livres, on sent le curieux, le douteur, le chercheur, l'homme primitif et naturel, on est porté, entraîné par une force irrésistible, on suit un courant d'humanité, de vérité ; le chrétien artificiel et dévotieux vient-il au contraire à paraître, on tombe en pleine équivoque, on est saisi d'une vague méfiance, d'un indicible malaise.

Les Consolations sont la première œuvre de Sainte-Beuve où l'on rencontre ce mélange troublant. Il ne leur a pas porté bonheur. Sans doute, et nous n'hésitons pas à croire ici au témoignage du poëte, la société polie, qui a peu de goût pour le réel et que le factice n'offusque pas, a prodigué à ce volume des louanges assez délicates et assez vives pour donner sur ce sujet un éblouissement durable à un homme qui d'habitude ne se laissait guère éblouir. Mais les connaisseurs, ceux surtout qui étaient sympathiques à Sainte-Beuve et qui avaient fondé sur son talent de grandes espérances,

furent attristés, choqués. Ils sentaient que *les Consolations* n'étaient point un progrès sur *Joseph
Delorme;* ils n'y voyaient même pas le prolonge-
ment, le perfectionnement normal d'une pensée
maîtresse d'elle-même, qui travaille sur son propre
fonds et se développe avec originalité. Une ardeur
religieuse si subite et si peu justifiée les inquiétait
sans les toucher. Cette impression est rendue à
merveille dans une lettre de Béranger adressée à
Sainte-Beuve et que celui-ci a pris soin de nous
conserver. Après force compliments, sincères assurément, mais d'autant plus accentués que les réserves vont venir, le chansonnier aborde ainsi le
chapitre des observations critiques :

« Il faut pourtant que je vous dise que moi, qui
suis de ces poëtes tombés dans l'ivresse des sens
dont vous parlez, mais qui sympathise même avec
le mysticisme, parce que j'ai sauvé du naufrage
une croyance inébranlable, je trouve la vôtre un
peu affectée dans ses expressions. Quand vous vous
servez du mot de *Seigneur*, vous me faites penser
à ces cardinaux anciens qui remerciaient Jupiter
et tous les dieux de l'Olympe de l'élection d'un
nouveau pape. Si je vous pardonne ce lambeau de
culte jeté sur votre foi de déiste, c'est qu'il me

semble que c'est à quelque beauté tendrement superstitieuse que vous l'avez emprunté par condescendance amoureuse. Ne regardez pas cette observation comme un effet de critique impie. Je suis croyant, vous le savez, et de très-bonne foi; mais aussi je tâche d'être vrai en tout, et je voudrais que tout le monde le fût, même dans les moindres détails. C'est le seul moyen de persuader son auditoire. »

L'ironie est sensible et la leçon, pour être tempérée, voilée dans son expression, n'en est pas moins sévère. Le cri d'alarme est poussé par une voix amie, le défaut essentiel signalé d'un doigt judicieux. Toutes les objections que la critique peut faire aux *Consolations* sont parfaitement résumées dans ces quelques lignes de Béranger. De ce côté-là et de bien d'autres probablement, Sainte-Beuve a senti l'aiguillon. Sans entrer dans une discussion en règle, sans même paraître soupçonner qu'il pût y avoir lieu à débat, il a jeté çà et là quelques discrètes explications qui sont des réponses indirectes aux reproches qu'on lui adressait. Par exemple, il représente *les Consolations* comme un accident, un heureux accident (*felix culpa*) dans sa vie poétique.

« L'impression même, dit-il, sous laquelle j'ai écrit *les Consolations* n'est jamais revenue et ne s'est plus renouvelée pour moi. « Ces six mois cé- « lestes de ma vie, » comme je les appelle, ce mélange de sentiments tendres, fragiles et chrétiens, qui faisaient un charme, cela, en effet, ne pouvait durer ; et ceux de mes amis (il en est) qui auraient voulu me fixer et comme m'immobiliser dans cette nuance oubliaient trop que ce n'était réellement qu'une nuance aussi passagère et changeante que le reflet de la lumière sur des nuages ou dans un étang, à une certaine heure du matin, à une certaine inclinaison du soir. »

Malgré ce que cette explication, fort spirituelle d'ailleurs, contient de vrai, elle ne me semble pas entièrement satisfaisante. Que la cause occasionnelle d'où sont nées *les Consolations* ne se soit pas reproduite, c'est très-possible, et puisque le poëte lui-même prend la peine de le déclarer, je n'ai pas à y contredire. Mais à côté de l'homme aussi facilement ému, aussi variable et mobile qu'il lui plaira de se peindre à nous, il y avait chez Sainte-Beuve un artiste très-réfléchi, qui systématisait ses inspirations. L'erreur commise par cet artiste a survécu aux dispositions passagères d'où elle résultait, et

comme nous en trouvons incontestablement des
traces dans *Volupté*, dans *les Pensées d'août*, dans
Port-Royal, nous sommes fondé à penser et à dire
qu'en dehors et au-dessus de l'entraînement, de
l'impression accidentelle, personnelle, qui a suggéré *les Consolations*, il y avait un système très-
arrêté.

Dans l'avertissement dont j'ai déjà parlé, je
trouve une autre explication qu'il m'est encore plus
difficile d'accepter et qui, soit dit sans malice, res-
semble singulièrement à une défaite. « Nous avons
presque tous en nous un homme double, écrit
ingénieusement le poëte en tête de son recueil;
saint Paul l'a dit, Racine l'a chanté. » « Je connais
ces deux hommes en moi, » disait Louis XIV.
Buffon les a admirablement décrits dans l'espèce
de guerre morale qu'ils se livrent l'un à l'autre.
« Moi aussi, me sentant double, je me suis dé-
doublé, et ce que j'ai donné dans *les Consolations*
était comme une seconde moitié de moi-même et
qui n'était pas la moins tendre. » S'il s'agissait en
effet de tendresse, je prendrais mon parti de ce
dédoublement, quoique, dans le premier recueil
de Sainte-Beuve, il y ait plus de passion aride et
brûlante que de vraie tendresse; mais il s'agit de

mysticisme. Trouverai-je ce double, cette moitié mystique dans *Joseph Delorme?* Le héros de ce livre est, je le reconnais, un personnage complexe; il y a en lui des facultés très-diverses qui, reléguées au second plan et entravées par les circonstances, s'incarneront, se réaliseront un jour. Parmi ces facultés plus ou moins latentes, je ne puis, en dépit de ma bonne volonté, découvrir l'aptitude mystique.

Oui, deux hommes se rencontrent en *Joseph Delorme*, sans se combattre, mais aussi sans s'associer ni se fondre. Le premier est un passionné, un douloureux, de qui les souffrances sont d'autant plus amères et poignantes que nul aspect d'au delà, nulle perspective religieuse, nulle vision céleste ne viennent les amortir, les adoucir. Il sent vivement le réel, le voit nettement, le rend avec une précision implacable. Le second est un lettré qui pousse la préoccupation de l'art jusqu'au goût et même jusqu'à l'engouement de la rhétorique. Cette bizarre dualité donne à l'ensemble du recueil une physionomie toute particulière. Au moment où l'on va compatir aux misères et aux chagrins du poëte, lorsque son accent est le plus âpre, sa plainte aussi pénétrante, aussi déchirante que possible, il s'arrête et vous fait remarquer que dans le passage qui vous frappe il a employé telle césure imitée de du Bellay, tel enjambement renouvelé de Ronsard. *Cela jette un froid*, comme on dirait aujourd'hui.

Imaginez un peu Frédérick-Lemaître, ou plus simplement Bouffé, s'interrompant au milieu d'une tirade, brisant au beau milieu et à l'instant le plus inattendu une scène pathétique, dans l'intention, assurément fort louable, mais très-inopportune et surtout très-anti-artistique, de vous expliquer par le menu, au fur et à mesure, les secrets de son art, les raisons de son jeu. Demandez-vous, même en laissant de côté l'inévitable impression de surprise et de désappointement, quel effet un pareil procédé, se réitérant, se prolongeant pendant un drame ou une comédie en cinq actes, produirait sur le public. Tout charme évidemment disparaîtrait, la pièce fût-elle un chef-d'œuvre. Les spectateurs les plus sympathiques, les plus patients, ne pourraient s'empêcher de crier à l'acteur : « C'est bien ! nous vous tenons quitte de tant de dissertations, de tant de remarques agréables et fines, mais déplacées. Allez votre train et jouez votre rôle. Si le cœur vous en dit absolument, vous ferez demain une conférence et vous y suivra qui voudra. » On a de ces impatiences et de ces agacements en lisant *Joseph Delorme ;* et, je dois le dire, on s'irrite contre ces interruptions et ces gloses perpétuelles, parce que le texte est saisissant, remarquable, et que l'on aimerait à n'en rien perdre. L'auteur est comme un virtuose qui, exécutant une mélodie aussi belle que compliquée, ferait un discours tout en jouant du violon, et ne laisserait arriver aux oreilles que des notes détachées, des modulations sans enchaînement, sans suite.

Si l'on veut goûter quelque plaisir à la lecture de ce livre étrange, si l'on prétend en retirer quelque profit, si l'on aspire à recueillir une impression distincte, que l'on puisse plus tard formuler nettement, il faut prendre un parti héroïque : négliger provisoirement le lettré, quitte à le reprendre en temps et lieu, et ne s'attacher qu'au personnage fictif ou plutôt très-réel dont l'histoire et les sensations se déroulent dans une série de compositions fort originales. Comme peinture d'une douleur strictement personnelle, spécialement propre et inhérente à un individu, comme manière de voir et de reproduire la nature (sans ombre d'interprétation, d'idéalisation), *Joseph Delorme* est, je le

crois, une œuvre qui, dans notre littérature, n'a point
sa pareille. *La Veillée, la Plaine*, sont des morceaux d'une beauté sombre et dans lesquels la so-
briété savante, l'énergie contenue, la justesse d'impression, la sincérité d'accent conduisent et at-
teignent aux plus grands effets. J'en dirai autant
de la fameuse pièce des *Rayons jaunes*, dont on
s'est tant moqué et qu'on a si peu ou si mal lue.
Du moment que vous entrez dans la disposition
d'âme de celui qui écrit, que vous y participez (et
c'est ainsi que doit procéder tout lecteur sérieux),
vous ne vous révolterez pas contre l'expression de
sensations qui résultent de cette disposition, qui,
par conséquent, sont naturelles et logiques.

Mais voilà le diable! en France nous ne voulons
jamais nous mettre à la place des gens; leurs sentiments nous importent peu et, le cas échéant, nous
aurions volontiers la prétention de leur imposer
les nôtres. *Les Rayons jaunes*, comme l'a dit avec
vivacité, et cette fois très-judicieusement Sainte-
Beuve, *sont*, en effet, *à prendre ou à laisser*. Et
ceci, en y réfléchissant bien, s'applique au recueil
lui-même. On peut, au point de vue de l'exécution,
au point de vue du genre trop familier, pas assez
idéal, écarter, repousser *Joseph Delorme* (et c'est

ce qu'à la longue le public a fait); mais dès qu'on l'accepte, il ne faut pas chicaner sur les détails, faire le puritain ou le dégoûté. Avouons-le, Sainte-Beuve poëte n'a pas eu de chance; ses qualités ne lui ont pas moins nui que ses défauts. *Joseph Delorme* n'a pas réussi définitivement parce que l'inspiration en était trop sincère, parce que l'expression des sentiments a paru trop crue et trop rêche; *les Consolations*, au contraire, ont échoué parce qu'on a trouvé la forme entortillée et le fonds équivoque.

Nous ne répéterons pas à ce sujet le dicton italien *è sempre bene*, et sans vouloir nous égarer en des revendications et réhabilitations qui, d'ailleurs, courraient risque d'excéder notre pensée, nous ne cesserons jamais de reconnaître et de louer dans *Joseph Delorme* une œuvre d'un mérite réel, d'un mérite très-rare dans ce pays, où l'on se complaît et se berce trop aisément en fait de poésie dans le vague, dans le pompeux. Le mélange, ou à mieux parler, la coexistence de la rhétorique et de la réalité, de la crudité naïve et de la glose raffinée a indisposé, blessé les lecteurs. Cela ne m'étonne point et je viens tout à l'heure, pour mon compte, de marquer très-vivement cette impression; mais,

d'un autre côté, je n'y saurais trop insister, il se
rencontre dans le volume assez de pièces dégagées
de commentaire, pures de tout alliage, habilement
exécutées, sérieusement belles, pour fléchir la sévérité d'un public qui n'a pas toujours été si rigide,
pour gagner auprès des meilleurs esprits la cause
du poëte. Il y a d'ailleurs insuccès et insuccès. La
chute de *Joseph Delorme* n'a pas été immédiate et
complète comme celle des *Consolations* et, plus
tard, des *Pensées d'août.* En 1829, lorsque parut
cet ouvrage, il fut remarqué, même à côté de productions distinguées, et certes il en était digne. Si,
avec les années et sous le poids d'une série de circonstances défavorables, le premier recueil de
Sainte-Beuve s'est trouvé entraîné dans l'efface-
ment général de ses poésies, on est en droit d'affirmer que c'est lui qui, au milieu d'une quasi-
déroute, a le mieux soutenu la retraite. Après lui
avoir rendu cette justice, il est temps de savoir
pourquoi il a échoué, de contrôler l'arrêt du public,
de juger non-seulement l'auteur, mais les juges
eux-mêmes.

En se plaçant au point de vue de l'art, il est impossible de ne pas reconnaître que, dans *Joseph
Delorme*, Sainte-Beuve a parfaitement compris et

pratiqué la manière dont certaines réalités doivent
être peintes. Aujourd'hui encore, quoique le temps
ait pu vieillir ou démoder quelques détails, un jury
d'artistes consciencieux et de littérateurs experts
n'hésiterait pas à honorer d'une récompense exceptionnelle cette œuvre sévèrement, austèrement
exacte. Par malheur, le goût national se trouve
sur ce point en complet désaccord avec la saine
conception artistique. Nous n'admettons que la
réalité transformée, épurée; pour nous la faire
accepter, on doit commencer par l'embellir, c'est-
à-dire par la fausser. Ainsi que les Gaulois, nos
ancêtres, nous sommes amoureux des riches couleurs, des mots sonores. Nous sommes par-dessus
tout épris de la grandiloquence et nous pardonnons
tout à nos poëtes quand ils possèdent cette faculté.

On voit que Sainte-Beuve, en mettant tout son
souci, toute son habileté à conformer scrupuleusement sa diction à la nature des objets qu'il voulait
peindre, tournait justement le dos aux tendances
et aux exigences du goût français. Dernièrement,
un homme qui avait infiniment de talent et d'esprit, Charles Baudelaire, est tombé dans la même
erreur, et il n'a pas trouvé dans la majorité du

public cultivé un meilleur accueil. Le scandale
qui s'est fait autour des *Fleurs du mal*, une curiosité malsaine, l'espoir de trouver dans ce volume
une saveur pimentée, capable de gratter et d'emporter le palais, ont triomphé un instant de l'indifférence et de la prévention. Ce n'a été toutefois
qu'un succès de passage et de hasard. On est vite
revenu à la routine traditionnelle en répétant sur
tous les tons, comme on avait fait trente ans auparavant pour *Joseph Delorme :* Fi, c'est trop cru!

Vinet a remarqué quelque part, avec beaucoup
de justesse et un peu de malice, en parlant de la
religion, qu'en France une barrière séparera toujours, dans tous les genres, le sérieux du familier.
« Le paganisme même, ajoute-t-il en suivant sa
pensée, serait grave dans cette contrée, et il l'a
été; la grâce et l'aménité ne dominaient pas dans
la religion des légers et frivoles Gaulois. Chaque
peuple donne à ses inclinations dominantes un
contre-poids... » Appliquez cette observation à
notre façon de comprendre, de goûter la poésie, et
vous la trouverez tout aussi juste, tout aussi profonde. On dit que les Français n'ont pas la tête
épique, on pourrait assurer également, en étendant
cette négation, qu'ils n'ont pas l'âme très-réelle-

ment poétique. Nous ne saisissons ni facilement, ni promptement la poésie des choses. Nous avons besoin qu'on nous en avertisse, qu'on nous la signale, en l'exagérant bien entendu et en enflant la voix. Ce qui ne nous est pas présenté avec l'ampleur convenable, avec une harmonieuse gravité, et pour parler plus sans cérémonie, ce qui n'est pas accompagné de l'indispensable *ronron* lyrique ou dramatique n'existe pas pour nous.

Sainte-Beuve en a fait à ses dépens la rude épreuve. Il put voir combien, sous ce rapport, il s'était trompé, combien il s'était mis, à son insu et pour n'avoir obéi qu'à sa conscience d'artiste, en contradiction avec l'aspiration intime et le secret penchant de tous, lorsqu'il vit, en 1836, éclater le succès prodigieux, fabuleux et de plus très-mérité, de *Jocelyn*. Qu'est-ce, en effet, que *Jocelyn*, malgré ses vastes proportions, sinon une œuvre de poésie familière, une peinture de la vie réelle? Il est vrai que sur toutes les particularités personnelles, sur tous les détails domestiques, Lamartine a jeté à flots l'éloquence, la couleur, les vapeurs dorées d'un style prestigieux. C'est par là qu'il a séduit les plus rebelles, conquis les plus prosaïques, réduit au silence les plus malveillants. Et puis,

chose singulière, que je note ici parce que, dans
une étude complète, on ne doit rien cacher, ce
poëme, où les sentiments de l'auteur sont certainement moins profonds, d'une intensité moindre
que ceux exprimés dans *Joseph Delorme*, ce poëme
excite bien autrement l'émotion que les élégies réalistes et navrées de Sainte-Beuve.

Je touche à un point vulnérable et je tiens peut-
être en ce moment la vraie cause de l'échec définitif
essuyé par *Joseph Delorme*. La douleur du poëte,
telle qu'il l'exprime dans ce premier recueil, est
très-intense, très-sincère, très-poignante ; mais
elle n'est pas communicative. Elle affecte péniblement l'âme, elle l'assombrit sans la remuer ni l'at-
tendrir. Le volume se lit avec intérêt ; mais on peut
aller d'un bout à l'autre sans verser une larme,
sans même avoir le cœur gros ou la paupière gon-
flée. Devrons-nous conclure en paraphrasant indis-
crètement le *si vis me flere...* que l'auteur n'a
point souffert lui-même, n'a point pleuré, puisque
nous restons tranquilles et maîtres de notre émotion ? Ce serait aller trop vite et généraliser impru-
demment. Deux faits sont incontestables : le désespoir du poëte et la tranquillité relative où ce désespoir, admirablement exprimé, nous laisse.

D'après ces données, une seule explication me paraît suffisante : dans les élégies de *Joseph Delorme*, la part du sentiment individuel est beaucoup plus grande que celle du sentiment humain.

Qu'est-ce qui nous touche principalement, immédiatement dans le malheur du voisin ? C'est le prompt retour que nous faisons sur nous-mêmes. Il peut m'en arriver autant ! telle est notre première pensée instinctive. En un mot, dans les larmes que nous accordons au malheur d'autrui, il y en a une bonne moitié que nous versons sur notre malheur possible. Mais quand il nous est parfaitement prouvé que ce malheur ne peut jamais nous atteindre, si notre intérêt ne se ralentit pas, notre sensibilité diminue d'autant. Un bourgeois de la rue Saint-Denis lit dans les journaux qu'à la Louisiane un nègre a été dévoré par un crocodile, cela n'excite en lui qu'une compassion modérée. Apprenez-lui qu'à deux pas de sa maison un homme a été mordu par un chien enragé et qu'il vient de mourir dans des convulsions terribles, voilà un homme ému, bouleversé, tout prêt à fondre en larmes. C'est que demain, en sortant, il est sûr de ne pas rencontrer de crocodile dans la rue ; tandis qu'il est possible qu'un chien enragé se trouve sur son chemin.

L'expression du désespoir de Joseph Delorme
est tellement particulière et précise, qu'en nous
affligeant sur son compte elle nous rassure sur le
nôtre. « Ce pauvre garçon, sommes-nous portés à
dire, est fort malheureux, mais nous ne le serons
jamais autant que lui ni à sa façon. Ses souffrances tiennent évidemment à son organisation exceptionnelle. » Le mot décisif est lâché. Joseph Delorme est une exception. Nous avons sous les yeux
le portrait d'un individu distingué; nous ne contemplons point un de ces types dans lesquels viennent se refléter, comme en un miroir, les traits
généraux de l'humanité. Ceci explique et justifie
notre insensibilité apparente. De plus, la loi du
goût se trouve ici en accord avec les méfiances et
les réserves de l'humanité, et il nous est permis de
comprendre pourquoi, en dépit de tout le talent
que l'auteur y a déployé, *Joseph Delorme* a vu
l'ombre se faire autour de lui, l'oubli l'envahir
progressivement et l'étouffer, tandis que *les Méditations, les Feuilles d'automne, les Poëmes antiques et modernes, les Iambes* ont été toujours
grandissant, augmentant d'influence sur les âmes,
conservant une inaltérable jeunesse. Dans ces
belles et saines productions, le sentiment humain

2.

domine le sentiment individuel. L'humanité s'y reconnaît, s'y console, s'y réjouit, s'y délecte et, dans sa gratitude, elle les adopte : désormais et par sa volonté même, ces œuvres font partie de son patrimoine. Si *Joseph Delorme* n'a jamais connu les bénéfices ni les douceurs de cette adoption, c'est qu'il ne contient que l'expression d'une angoisse purement personnelle. Ce livre est indispensable à qui veut bien connaître Sainte-Beuve et, à ce titre, il sera quelquefois feuilleté ; mais ceux qui désirent sonder à fond les mélancolies de l'âme humaine et s'y associer reliront avec plus de fruit *le Lac, la Tristesse d'Olympio, Moïse* et *les Nuits*.

Une individualité intéressante, sincère, parfois éloquente, mais étroite et ne dépassant pas, au point de vue du sentiment, l'horizon le plus restreint ; un goût vif pour l'humble réalité, une invincible tendance à l'étudier, à la reproduire : tels sont les éléments, en quelque sorte irréductibles, qu'une analyse attentive, impartiale, découvre et constate dans *Joseph Delorme*. Il en est un troisième que nous avons dû négliger, tout en le signalant au début, c'est la passion de l'art, de la forme, du style. Nous nous sommes borné à montrer que cet élément, en restant parallèle aux autres, en refusant de s'y marier, de s'y fondre, dérangeait, altérait l'unité de l'œuvre, lui enlevait de la force et de la vie. Toutefois, à cause même de ce parallélisme et de ce que, faute de mieux, nous appellerons son extériorité, nous avons pu le laisser de côté, ne pas le considérer comme essentiel. Quant au mysticisme, nous n'en avons trouvé ni une parcelle, ni un grain, ni un germe. L'hypothèse du dédoublement présentée par Sainte-Beuve en tête des *Consolations* ne peut donc se soutenir, et il faut chercher une autre explication.

Retrouvons-nous dans *les Consolations* l'individualité vivace, la tendance au réalisme à outrance que nous avons constatées dans le précédent recueil? Nullement. En revanche, l'effort artistique s'y fait sentir à chaque page. Evidemment, le problème que le poëte s'est posé est celui-ci : donner, à force d'habileté, de science dans le choix et l'arrangement des mots, de la consistance, de l'éclat, une apparence de vitalité à une croyance de transition et d'occasion, à un idéal d'emprunt. On conçoit que la sincérité absolue et la rigoureuse peinture du vrai n'avaient rien à faire là. C'était la pure rhétorique qui livrait la bataille ; c'était à elle seule d'en soutenir le poids, d'en retirer l'honneur, si quelque gloire devait résulter de cette tentative. S'il y eut dédoublement, ce ne fut pas assurément dans le sens indiqué par Sainte-Beuve. Le désespéré, le songeur, le réaliste âpre et sombre avaient tenu, qu'on me passe l'expression, le haut du pavé dans *Joseph Delorme;* ils cédèrent la parole, dans *les Consolations,* à l'artiste, au styliste. Le mysticisme fut la matière sur laquelle le talent eut à s'exercer, rien de plus.

Gustave Planche, parlant un jour d'un roman de Mérimée (*la Double méprise,* si je ne me trompe), a montré avec beaucoup de finesse et même de délicatesse, l'immense différence qui existe entre l'amour de tête et l'amour de cœur. On peut, non moins justement, établir une distinction semblable à propos de la dévotion (qui n'est en somme que l'amour s'appliquant au mystérieux, à l'indéfini), et prendre soin de ne pas confondre la dévotion de cœur avec la dévotion de tête.

Il y a des gens qui croient indépendamment de tout raisonnement, de tout effort de la volonté, sans penser, soit aux convenances, soit aux motifs humains, soit aux résultats moraux, soit aux récompenses futures. Ils sentent, les uns pour le Ré-

dempteur, les autres pour Marie, ceux-ci pour leur
Ange gardien, ceux-là pour le Père céleste, une
inexprimable et inépuisable tendresse. Leur foi est
involontaire, fatale ; mais aussi touchante, irrésistible, respectable comme l'amour. Ce sont les vrais,
les meilleurs fidèles ; ils possèdent et pratiquent la
dévotion du cœur.

D'autres veulent croire ; ils en ont besoin. Les
difficultés de leur carrière, les lacunes et les misères de leur organisation, les amertumes que laisse
la lutte sociale, les sécheresses, les défaillances, les
agonies de leur âme, tout les incite et les pousse,
puisqu'ils ne trouvent ni soulagement ni lumière
en eux-mêmes, à chercher au dehors, à s'adresser
aux antiques formes religieuses, aux cultes consti-
tués et révérés. Dans leur désir d'obtenir la foi,
ils ne négligent aucune formule consacrée ; ils s'é-
prennent de tous les rites, ils s'enthousiasment pour
les simulacres et les cérémonies ; ils useraient, au
besoin, dans leur exaltation résolue et froide, le
marbre des parvis sous leurs baisers anxieux et
convulsifs. Ils ont la dévotion de tête. Sainte-Beuve
n'en a jamais eu d'autre.

Lui qui fut le curieux par excellence, lui qu'on
pourrait nommer le grand curieux du xixᵉ siècle,

fut, pendant une partie de sa vie, surtout de 1830
à 1840 (autant qu'on peut assigner des dates,
même approximatives, à ces profondes et subtiles
évolutions intérieures), curieux de la vérité religieuse, curieux de la foi. S'il s'attacha de bonne
heure aux hommes de Port-Royal, s'il forma, dès
sa jeunesse, le projet de les peindre, de les mettre
en lumière, de raconter leur histoire, de les rendre
sympathiques et vénérables aux mondains affairés
et sceptiques, c'est qu'il avait trouvé, reconnu en
eux le *nec plus ultrà* de la foi. Ils l'attiraient et le
dominaient par ce côté d'extrême et inébranlable
croyance qui donne à leur caractère tant de grandeur et de beauté morale. Mais le respect de la foi,
le désir de la foi, n'est pas la foi elle-même, et n'y
peut suppléer. Voilà pourquoi Sainte-Beuve, dans
les nombreux passages de ses écrits où il parle —
souvent avec effusion, avec une complaisance mar-
quée — le langage religieux, n'a jamais atteint
l'accent pénétrant de la véritable piété. Il n'a jamais
pu sortir du cercle étouffant et infécond de la dévotion voulue, et comme il n'était pas homme à rester muré dans une enceinte quelconque, fût-ce dans
le plus majestueux des sanctuaires, il a fini par
s'éloigner, se détourner; il est rentré dans le vrai

de sa nature, le seul qu'il lui fût possible d'atteindre et de posséder.

Il n'en était point encore là, lorsqu'en 1837 il faisait une dernière tentative auprès du public, en publiant un recueil janséniste de ton et d'allure, les *Pensées d'août*. L'élément individuel dominant dans *Joseph Delorme*, subalternisé et déguisé dans *les Consolations*, est peu sensible, peu marquant dans ce nouveau recueil. L'étude de la réalité y reparaît, non plus tant de la réalité visible et palpable, que de la réalité psychologique et morale. Malheureusement, cette louable application à l'observation sincère, à l'analyse élevée, est gâtée par la plus erronée, par la plus défectueuse des conceptions artistiques.

Les *Pensées d'août* ont été voilées, abîmées, submergées; elles ont disparu et resteront ensevelies sous leur incroyable versification. Les ennemis de Sainte-Beuve (et il en a eu des nuées) ont cherché, ont trouvé dans ce malencontreux recueil des thèmes à raillerie, des sujets d'épigrammes : il leur a servi d'arsenal. Comprend-on qu'un poëte qui, lorsqu'il le voulait, savait tout aussi bien que Hugo ou Vigny jeter le vers, manier le rhythme, balancer la phrase, dessiner la strophe, qu'un

poëte qui a écrit l'ode au statuaire David, si gran-
diose, et les stances exquises, ailées, aériennes sur
l'*Enfant à la Grappe*, se soit opiniâtré, par je ne
sais quel funeste caprice, par un entêtement de
prosodiste systématique, à écrire des centaines de
vers dans le genre de ceux-ci :

> A dater du départ, un long espace fuit.
> Monsieur Antoine meurt, la présidente suit ;
> Madame de Cicé devient épouse et veuve ;
> Lui voyage toujours et mène son épreuve...

Et ce parti-pris de prosaïsme, de vulgarité sèche,
n'est pas niable. Ce n'est pas une invention de la
critique réduite aux abois, déconcertée par les inégalités d'un homme de talent, et cherchant à expliquer l'inexplicable. Sainte-Beuve a pris soin d'exposer tout au long sa théorie, en joignant, hélas !
l'exemple à l'appui, dans cette curieuse épître à
Villemain, où il tâche de gagner et de convertir
à son système le plus circonspect et le plus châtié
des écrivains contemporains. Voici le passage décisif et après lequel le doute n'est plus permis :

> Plus est simple le vers et côtoyant la prose,
> Plus pauvre de belle ombre et d'haleine de rose,
> Et plus la forme étroite a lieu de le garder.
> Si le sentier commun où chacun peut rôder
> Longe par un long tour votre haie assez basse
> Pour qu'on voie et bouvier et génisse qui passe,

> Il faut doubler l'épine et le houx acéré,
> Et joindre exprès d'un jonc chaque pied du fourré.
> Si le fleuve ou le lac, si l'onde avec la vase
> Menace incessamment notre plaine trop rase,
> Il faut, sans avoir l'air, faute d'altier rocher,
> Revêtir un fossé qui semble se cacher,
> Et qui pourtant suffit, et bien souvent arrête.

Sauf un petit nombre de pièces, tout le recueil est écrit dans ce style-là. Une forte teinte de jansénisme répandue sur les principaux morceaux, et destinée dans l'intention de l'auteur à servir d'auxiliaire, au besoin de sanction, à la sévérité de ses observations morales, décourageait et glaçait ceux que les inégalités de la forme n'avaient pas rebutés. Quand on pense que de tels vers paraissaient un an après *Jocelyn*, avec la prétention plus ou moins avouée, mais très-réelle au fond, d'entrer en lice et de rivaliser dans le genre de la poésie familière avec l'œuvre de Lamartine, on reste confondu !

L'impression générale fut si nettement défavorable, que Sainte-Beuve se tint, sinon pour jugé, au moins pour battu. Les *Pensées d'août* sont le dernier volume de vers qu'il ait publié. L'insuccès de cet ouvrage a rejailli certainement sur l'ensemble de son œuvre poétique. On s'est habitué à envelopper les trois recueils dans une même indifférence, à les considérer avec une même prévention.

Il y a là, j'ose l'affirmer, un excès et un tort. *Joseph Delorme* ne mérite ni l'oubli, ni le dédain, et si le public a raison de ne pas le classer parmi les productions de premier ordre, il est injuste et aveugle lorsqu'il refuse de voir les solides et précieuses qualités qui n'y manquent pas. On trouverait même par ci par là, dans les deux autres recueils, des détails agréables, de jolis vers, particulièrement quelques sonnets fort bien réussis. Dans une étude générale, où je dois me préoccuper surtout des traits caractéristiques et me contenter d'indiquer les grandes lignes, je me serais écarté de mon but en m'arrêtant aux accidents, à l'exception.

Il est certain qu'au début de sa carrière, et lorsqu'il écrivait les principales pièces de *Joseph Delorme*, Sainte-Beuve était dans le vrai, et avait raison contre les dégoûts injustes du public. Mais ce n'est pas tout que d'avoir raison, il faut convaincre, persuader, toucher, séduire surtout ; c'est ce que Sainte-Beuve n'a pas su faire. Au lieu de mettre au service de sa hardiesse l'industrie et l'habileté, il s'est abandonné à des inspirations artificielles, il s'est complu en des procédés dont la défectuosité trop évidente devait masquer sa pensée et paralyser

son essor. Par là il s'est enlevé jusqu'au droit de
maudire ses juges. Quelquefois, averti par la délicatesse de son goût, il se sentait dans le faux, il se
lamentait, comme par exemple en ce fragment que
je détache encore de l'épître à Villemain :

> Des vers naissant trop tard, quand la science même,
> Unie au sentiment, leur ferait un baptême;
> Des vers à force d'art et de vouloir venus,
> Que le ciel découvert n'aura jamais connus;
> Que n'ont pas colorés le soleil et les pluies;
> Que ne traversent pas les foules réjouies;
> Que les maîtres d'un temps dans les genres divers
> Ignorent volontiers; que ni Berryer, ni Thiers,
> Ni Thierry, ne liront, qu'ils sentiraient à peine,
> A cause des durs mots enchâssés dans la chaîne;
> Des vers tout inquiets et de leur sort chagrins,
> Et qui n'auront pas eu de vrais contemporains,
> Qu'est-ce que de tels vers? J'en souffre et m'en irrite...

Il y avait de quoi s'irriter en effet, et nous parta-
geons l'impatience, la mauvaise humeur du poëte,
lorsque nous songeons que ces vers, inquiets et
chagrins, comme il les appelle, il ne tenait qu'à
lui de les faire larges, francs, étincelants, éclatants,
et qu'un mauvais système de rhétorique l'en empê-
chait seul.

Après les *Pensées d'août*, Sainte-Beuve, blessé,
attristé, a gardé, comme poëte, un silence absolu.
S'il faisait encore des vers, il ne les communiquait

qu'à ses intimes. Au fond, l'artiste ne se soumettait
pas et protestait. Voulez-vous savoir son mot final
sur lui-même ou, du moins, sur cette partie de lui-
même? Je le trouve au second volume des *Poésies
complètes*, à la fin d'une série de compositions assez
faibles intitulées *Un dernier rêve*. « Toutes ces
poésies qu'on vient de voir, écrit-il en guise de
réclamation suprême et d'adieu, étant ainsi assem-
blées et la gerbe liée, ne suis-je pas autorisé à dire:
« Aujourd'hui, on me croit seulement un critique;
« mais je n'ai pas quitté la poésie sans y avoir laissé
« tout mon aiguillon. » Ailleurs aussi, il a dit avec
non moins de franchise : « Le poëte en moi a quelquefois souffert de toutes les indulgences mêmes
qu'on avait pour le prosateur. »

Ce sentiment, ce besoin de sourde revendication
et de protestation indirecte a toujours persisté chez
lui. Lorsque, avant de le seconder pour mon humble part dans ses travaux, je fus admis dans son
intimité, le premier témoignage de confiance et
d'amitié qu'il me donna fut de me lire des vers inédits. On ne lui faisait pas la cour et, parfois, on
l'impatientait en lui parlant avec l'admiration la
plus vraie, la mieux sentie, de sa critique ; mais, si
fatigué ou si préoccupé qu'il pût être, on était sûr

de le dérider en glissant, à propos de quelqu'une
de ses pièces de vers, une louange adroite et bien
tournée. Il prenait feu, interrompait le travail commencé, allait chercher le volume et lisait, d'une
voix vibrante, l'élégie ou le sonnet auquel on avait
fait allusion. Le désir de plaider sa cause, fût-ce
devant le juge le plus obscur, le faisait quelquefois
passer par-dessus une réminiscence désagréable.

Un jour, nous lisions ensemble *Madame Bovary :* arrivés à cette fameuse course en fiacre qui
avait tant effarouché la pudeur du parquet, Sainte-
Beuve me dit tout à coup : « Mais, moi aussi, j'ai
fait un fiacre ; je m'en vais vous le lire. » Et il me
lut, en effet, le sonnet qui commence par ces mots:
Laisse ta tête, amie, etc., sonnet qui, on s'en souvient, avait servi contre lui comme arme de guerre,
lors de sa querelle avec Alphonse Karr. Telle autre composition exprimant, sous une forme brève,
savamment condensée, un sentiment très-vif, toujours présent, lui revenait souvent en mémoire, et
il aimait à citer ce sonnet, qui est à la fois l'un des
plus beaux de son œuvre et l'un des meilleurs
qu'on ait écrits dans notre langue :

> J'étais un arbre en fleurs où chantait ma jeunesse,
> Jeunesse, oiseau charmant mais trop vite envolé,

Et même, avant de fuir du bel arbre effeuillé,
Il avait tant chanté qu'il se plaignait sans cesse.

Mais sa plainte était douce, et telle en sa tristesse
Qu'à défaut de témoins et de groupe assemblé,
Le buisson attentif avec l'écho troublé
Et le cœur du vieux chêne en pleuraient de tendresse.

Tout se tait, tout est mort ! L'arbre, veuf de chansons,
Étend ses rameaux nus sous les mornes saisons,
Quelque craquement sourd s'entend par intervalle.

Debout, il se dévore, il se ride, il attend,
Jusqu'à l'heure où viendra la corneille fatale
Pour le suprême hiver chanter le dernier chant.

On a remarqué de tout temps que les parents s'attachent davantage, montrent volontiers plus de tendresse à ceux de leurs enfants qui ont quelque infirmité. Sainte-Beuve, instinctivement, agissait ainsi. Sa poésie lui était d'autant plus chère qu'elle n'avait pas reçu, selon lui, l'accueil qu'elle méritait. Il ne laissait échapper aucune occasion de l'expliquer, de la justifier ; il était positivement aux petits soins pour elle.

J'ai terminé, du moins en ce qui touche à l'analyse, à la discussion, à l'appréciation, la première et assurément la plus ingrate partie de ma tâche. Faire une part plus restreinte aux poésies de Sainte-Beuve n'était pas possible. Sans doute, j'aurais pu éluder, glisser, jeter rapidement quelques mots

vagues, répéter quelques généralités communément
acceptées ; mais c'eût été enlever à cette étude toute
base solide. Outre que, dans un examen complet,
il convient de ne rien laisser en arrière que l'on
n'ait, en quelque sorte, coulé à fond, je me serais
ôté tout droit à parler de Sainte-Beuve critique, si
j'avais passé légèrement sur Sainte-Beuve poëte.
Entre l'un et l'autre, d'ailleurs, il existe les plus
étroites affinités, et l'on donnerait une pauvre idée
de son jugement si l'on s'avisait de les distinguer,
de les séparer d'une manière absolue.

Le critique, en effet, chez Sainte-Beuve, n'a pas
surgi un beau jour, à l'improviste, tout armé en
guerre, tout prêt à exercer son contrôle souverain,
à *juger*, comme disait Marie-Joseph Chénier parlant de La Harpe, *les vivants et les morts*. Ses
origines sont plus naturelles, et c'est justement en
remontant le cours de l'œuvre poétique du maître,
qu'on peut les saisir et suivre les développements
d'une faculté qui, subordonnée d'abord, traitée en
auxiliaire, devait peu à peu dominer ses rivales et
prendre le premier rang.

S'il y a incontestablement dans *Joseph Delorme*
une nature de vrai poëte, on ne saurait non plus y
méconnaître, tout à côté, une vivace nature de cri-

tique. Et quand je dis à côté, elle ne s'y tient pas
toujours. Parfois le critique met la main sur le
poëte pour le détourner de sa rêverie ou le distraire
de sa douleur, pour l'entraîner vers des régions
reposées et calmes. Témoin la pièce très-curieuse,
très-caractéristique, intitulée *Mes livres*. Que penser d'un malade, d'un passionné, d'un désespéré
qui, au plus fort d'une mélancolie dont je ne révo-
que pas en doute la sincérité, écrit tranquillement
à l'un de ses amis :

> . . . . . Alors, je prends un livre.
> Non pas un seul, mais dix, mais vingt, mais cent ;
> Non les meilleurs, Byron le magnanime,
> Le grand Milton ou Dante le puissant,
> Mais tous *Anas*, de naissance anonyme,
> Semés de traits que je note en passant.
> C'est mon bonheur. Sauriez-vous pas, de grâce,
> En quel recoin et parmi quel fatras
> Il me serait possible d'avoir trace
> Du long séjour que fit à Carpentras
> Monsieur Malherbe, ou de quel air Ménage
> Chez Sévigné jouait son personnage ?
> Monsieur Conrart savait-il le latin
> Mieux que Jouy ? consommait-il en plumes
> Moins que Suard ? Le docteur Guy Patin
> Avait-il plus de dix mille volumes ?

Il est de toute évidence qu'en ce désespéré il y a
un curieux. C'est ce curieux qui, en se développant
de plus en plus, et en conformant à certaines

règles son avidité intellectuelle, sauvera le désespéré ; je ne dis pas qu'il le consolera, mais il le distraira, et la nature de Joseph Delorme étant donnée, c'est beaucoup.

On a prétendu que, chez Sainte-Beuve, le critique avait tué le poëte. C'est une de ces assertions qui, au premier abord, ont un air de vraisemblance et séduisent par leur simplicité même. En y regardant bien, on peut se convaincre qu'elle n'est pas fondée. A ne prendre que la réalité extérieure, il est certain que le poëte s'est condamné au silence (ce qui est la déclaration de mort officielle) tandis que le critique s'est répandu, s'est accru, a multiplié les manifestations de son talent. Mais cela ne prouve pas du tout que le critique soit coupable ou seulement responsable de la disparition du poëte.

Si l'on veut se reporter un instant aux précédentes analyses et en dégager l'enseignement qu'elles contiennent, on sera, comme moi, amené à cette conclusion ; le poëte n'avait point besoin, pour mourir, que le critique lui donnât le coup de grâce. Un faux système d'art a, je le sais, irrémédiablement gâté les *Pensées d'août ;* mais si le souffle, si la puissance, si en un mot la fureur poétique avait dominé dans ce recueil, en avait fait l'essence et le fond, elle eût créé une sorte de courant qui aurait charrié dans ses flots larges et impétueux les intempestives finesses de la rhétorique. C'est ce qui arrive à chaque instant dans les recueils de Victor Hugo. Le grand poëte a quelquefois des caprices, des conceptions esthétiques bizarres, qui dépareraient ses plus belles œuvres, si la richesse de la verve ne les recouvrait et ne les emportait dans son torrent irrésistible.

Lamartine ignorant, qui ne sait que son âme,

a dit Sainte-Beuve. Il a souvent cité ce vers comme rendant parfaitement sa pensée sur l'illustre poëte. Cette science-là en effet peut très-bien servir pendant des années, pendant une vie entière, lorsque l'âme est infiniment, inépuisablement poétique. En ce sens, il est très-vrai d'affirmer que des hommes de génie, comme Lamartine, comme Hugo, n'ont eu besoin pour charmer, captiver, instruire bien des générations, que de regarder en eux-mêmes et de raconter leur existence intérieure. Chez Sainte-Beuve cette existence, de laquelle, en somme, dépend l'intensité poétique, s'est arrêtée de très-bonne heure; aussitôt après *Joseph Delorme*, cette source d'inspiration s'est à peu près complétement tarie. N'eût-il jamais écrit une ligne de critique, le poëte n'aurait plus chanté de verve et d'abondance à partir des *Pensées d'août.*

Je passe, sans la discuter en ce moment, à côté d'une grande question : Est-il vrai que la faculté critique soit nécessairement hostile et fatale au don de poésie? Est-il vrai que la curiosité largement satisfaite doive infailliblement supprimer ou subalterniser la sincérité intime, la vivante personnalité? Il me semble qu'en s'autorisant de plus d'un exemple illustre (Pope, Gœthe, Leconte de Lisle), on serait en mesure de répondre négativement à la question que nous venons de poser. Mais ceci pourrait donner lieu à un débat spécial. Bornons-nous à constater que la curiosité n'a exercé aucun maléfice, jeté aucun mauvais sort sur Sainte-Beuve. Au contraire, elle lui a donné des raisons, une possibilité de vivre en offrant, comme diversion et distraction, à cette nature désolée, l'infinie variété des objets et des individus à étudier.

Voilà deux fois qu'à dessein j'appuie sur cette idée de distraction. Sainte-Beuve, né désolé et inconsolable, ne pouvait être que distrait. L'analyse attentive de l'œuvre s'accorde ici avec ma connaissance personnelle de l'homme. La joie était inconnue à son âme. Je ne crois pas non plus qu'il ait éprouvé de ces douleurs violemment expansives qui rafraîchissent le cœur comme les abondantes ondées de l'orage. Il avait la douleur sèche, et ses blessures ne saignaient qu'en dedans. On ne dira jamais de lui qu'on l'a vu *rire à cœur joie* ou *pleurer à chaudes larmes*.. Sa façon de sentir était exclusive de ces élans, de ces effusions. Son activité devait donc se tourner forcément vers l'extérieur, et personne plus que lui n'était fait pour appliquer le mot de Voltaire : « Il faut dévorer les choses pour ne pas nous dévorer nous-mêmes. »

Il a peint avec beaucoup de fidélité, avec une entière franchise, cet état de son âme dans quelques vers d'une épître adressée à l'un de ses amis d'enfance, l'abbé Eustache Barbe :

> Je vais donc, et j'essaye, et le but me déjoue,
> Et je reprends toujours, et toujours, je l'avoue,
> Il me plaît de reprendre et de tenter ailleurs,
> Et de sonder au fond, même au prix des douleurs ;
> D'errer et de muer en mes métamorphoses,
> De savoir plus au long plus d'hommes et de choses,
> Dussé-je, au bout de tout, ne trouver presque rien :
> C'est mon mal et ma peine, et mon charme aussi bien.
> Pardonne, je m'en plains, souvent je m'en dévore,
> Et j'en veux mal guérir..., plus tard, plus tard encore !

Je le crois bien ! Guérir, pour lui, c'eût été tout simplement mourir. Juif errant du monde intellectuel et moral, il lui était, sous peine des plus terribles châtiments, interdit de s'arrêter.

Les qualités du poëte vont se retrouver dans le critique, ce qui suffirait à prouver qu'on ne doit jamais séparer l'un de l'autre. Elles vont se transformer, s'épurer, s'agrandir, devenir des mérites de premier ordre. L'aptitude à l'analyse psychologique et morale rendra les jugements plus décisifs et mieux motivés. Grâce à son goût pour la réalité, l'infatigable chercheur ne laissera aucune région inexplorée ; il s'inquiétera des coins les plus obscurs, des hommes les plus modestes, et nous lui devrons de connaître à fond des physionomies singulièrement intéressantes. L'expression poétique elle-même accourra sous sa plume, elle donnera du coloris, du charme à la critique et en déguisera l'inévitable aridité. Chose bizarre ! Sainte-Beuve, par instants, se montrera dans sa prose plus réellement poëte qu'il ne l'a été en vers, et telle page des *Portraits contemporains* fera l'effet d'une délicieuse élégie.

Nous connaissons maintenant les origines du critique, ses ressources intellectuelles, quelques-uns de ses procédés littéraires : il nous reste à étudier sa méthode, à la définir et à l'apprécier.

DEUXIÈME PARTIE

LA MÉTHODE DU CRITIQUE

II

Dans les *Pensées,* qui suivent les *Poésies* de Joseph Delorme, pensées auxquelles le biographe, désireux de connaître Sainte-Beuve sous sa forme primitive et peut-être la plus strictement personnelle, est sans cesse ramené, se trouvent sur l'*esprit critique* une dizaine de lignes fort significatives, où le goût d'une extrême indépendance d'allures ne se fait pas sentir moins vivement que les immenses ambitions d'une curiosité insatiable. On devine en les lisant que la tradition des La Harpe, des Geoffroy est à la veille d'être, sinon tout à fait brisée, du moins violemment et radicalement modifiée.

« L'esprit critique, écrit le rêveur solitaire qui mesure d'un hardi coup d'œil la carrière ouverte devant lui, est de sa nature facile, insinuant, mobile et compréhensif. C'est une grande et limpide rivière, qui serpente et se déroule autour des œuvres et des monuments de la poésie, comme autour des rochers, des forteresses, des coteaux tapissés de vignobles et des vallées touffues qui bordent ses rives. Tandis que chacun de ces objets du paysage reste fixe en son lieu et s'inquiète peu des autres, que la tour féodale dédaigne le vallon, et que le vallon ignore le coteau, la rivière va de l'un à l'autre, les baigne sans les déchirer, les embrasse d'une eau vive et courante, les *comprend,* les réfléchit; et, lorsque le voyageur est curieux de connaître et de visiter ces sites variés, elle le prend dans une barque, elle le porte sans secousse, et lui développe successivement tout le spectacle changeant de son cours. »

Schlegel, Mme de Staël, et même Villemain, ont passé par là, cela est évident; l'immobilité routinière est désormais impuissante à retenir, à com-

primer sous sa lourde férule de jeunes et ardents
esprits, avides d'excursions et de conquêtes intellectuelles. Il ne faudrait pas toutefois torturer ce
fragment, en tirer plus que réellement il ne contient. Certes, cette image d'une *rivière-miroir* est
une indication précieuse ; il y a là un germe qui
ne fera que croître et se développer. Mais à côté,
grâce à une légère incohérence, très-pardonnable
d'ailleurs, l'élément actif se révèle et s'affirme. La
rivière prend le voyageur dans une barque et le
met à même, en le dirigeant avec un certain art
(pour être sous-entendue, la chose n'en est pas
moins claire), de contempler les sites les plus pitto-
resques, d'admirer les plus beaux points de vue.
Plus tard, si l'on veut me permettre d'appuyer sur
ces nuances, nous verrons augmenter l'élément-
miroir et diminuer l'élément-*barque*. Il y aura
même un moment où la rivière, devenue un vaste
et limpide étang, se contentera de refléter ce qui
passe sur ses bords, sans plus s'inquiéter des beautés étrangères et des spectacles lointains.

N'anticipons pas. Nous sommes au commencement de la carrière du critique, et l'on sait que,
dans l'art comme dans la vie, personne ne débute
par la passivité, le scepticisme, la pure et indiffé-

rente contemplation. C'est une loi dont Sainte-Beuve n'a pas été plus exempt qu'un autre. Il a eu ses heures d'illusion, ses fièvres d'enthousiasme. son dogmatisme et ses idolâtries. Les *Portraits littéraires* sont là pour attester qu'il a rompu des lances contre certaines conventions ou superstitions traditionnelles, et les *Portraits contemporains*, pour prouver qu'il s'est vaillamment consacré au service des idées nouvelles, qu'il a été l'auxiliaire passionné de ceux qui les manifestaient et les incarnaient dans leurs œuvres.

Il en a, du reste, été toujours ainsi. On ne met le pic et la pioche dans les antiques idoles que lorsqu'on croit avoir des dieux plus puissants, plus vivants à leur substituer; et tout travail de négation, destiné à réussir dans un temps donné, se complique d'un côté affirmatif, où les individualités éminentes, qu'on produit au jour et sur lesquelles on s'appuie tiennent une place aussi large, plus large quelquefois, que les assertions et les révélations doctrinales.

La partie agressive et dogmatique du romantisme, telle qu'on la trouve exprimée, formulée dans les *Pensées* de Joseph Delorme, ainsi que dans quelques-uns des *Portraits littéraires*, n'a

rien de choquant, mais rien non plus d'extraordinaire ni de particulièrement lumineux. On voulait
avant tout réagir, principalement en poésie, contre
le style incolore, abstrait, métaphysique, *condilla-
cien* en quelque sorte, si en faveur à la fin du
xviiiᵉ siècle, contre le Saint-Lambert, le Bernis, le
Thomas, dont la stérile et fausse élégance, religieu-
sement imitée sous l'Empire par Delille, Esménard,
Luce de Lancival, Parseval-Grandmaison, Castel,
semblait menacer, en s'éternisant, de dessécher,
de tarir les sources du langage poétique. La substi-
tution du concret à l'abstrait, de l'image prise sur
le vif, reproduite d'après la réalité, au symbolisme
convenu, à la fade et froide allégorie, tel était le
premier article de la charte revendiquée par le romantisme.

Aujourd'hui que, sur ce point, la bataille est complétement gagnée, nous sommes portés à trouver
excessives ces préoccupations techniques, ces discussions de forme, touchant presque à la subtilité
grammaticale : nous avons peine à comprendre la
vivacité de ton, l'âpreté d'accent, l'ardeur belli-
queuse avec laquelle on réclamait la sincérité absolue de la métaphore et la rigoureuse exactitude
de toutes ses parties. En cela, comme en bien d'au-

tres choses, les avantages dont nous jouissons nous
rendent quelque peu ingrats et injustes pour nos
devanciers. Ils ont accompli une tâche qui, malgré
et à cause même de l'apparente puérilité des détails, avait ses difficultés épineuses, sa périlleuse
gravité, sa nécessité surtout.

Lorsque nous lisons, au tome Ier des *Portraits
littéraires*, l'article si judicieux et si spirituel sur
Jean-Baptiste Rousseau, nous remarquons avec
quelque surprise que Sainte-Beuve s'y est montré,
contre son habitude, fort raide et fort cassant,
mais notre étonnement ne va pas plus loin et nous
n'attachons pas beaucoup d'importance à notre remarque. Eh bien ! cet article fut, à son époque, un
événement. Il a porté coup, déterminé un progrès ;
il a même laissé des traces et des souvenirs. Quelque temps après, Sainte-Beuve ayant été présenté
à Royer-Collard et à Chateaubriand, l'un et l'autre
lui parlèrent tout d'abord de son attaque contre
Jean-Baptiste : Chateaubriand pour l'en blâmer,
Royer-Collard pour l'en féliciter. Ce n'était pas
alors une petite affaire, on le voit, de réduire à
leur juste valeur la cantate de *Circé* et l'Ode au
comte du Luc.

Il est vrai que Jean-Baptiste Rousseau, au moins

par ses débuts, appartenait au siècle de Louis XIV,
et que l'on s'était peu à peu accoutumé à le considérer comme faisant partie de l'inviolable phalange
classique. On se fût beaucoup moins ému de la
plus violente diatribe contre le lyrique Le Brun,
bien supérieur cependant à son prédécesseur trop
vanté. Mais toucher à Jean-Baptiste, une gloire
acceptée, consacrée, cela paraissait une audace
inouïe, presque un sacrilége ! Sous couleur de faire
la guerre aux versificateurs du xviiie siècle, n'al-
lait-on pas en arriver insensiblement à prendre à
partie les maîtres du xviie et à les critiquer comme
de simples, de faillibles mortels?

L'écueil était là en effet. Le xviiie siècle, si hardi
en fait de religion, de philosophie, de politique,
n'avait été dans l'ordre purement littéraire, et très-
spécialement en poésie, que le continuateur timide,
languissant, décoloré, de l'époque précédente. Lors
donc que des poëtes de l'Empire on remontait à
leurs maîtres à peu près immédiats, lorsque de
Baour-Lormian, d'Arnault, de de Jouy on allait à
Lemierre, à Chabanon, à Guimond de la Touche,
à du Belloy, on ne pouvait manquer, à un certain
moment, de rencontrer derrière ce second rang le
bataillon sacré des vieux classiques, Racine et Boi-

leau en tête. On n'avait plus à choisir alors qu'entre une retraite qui avait ses inconvénients, ses ridicules, et une insistance qui, aux gens d'un goût méticuleux et timoré, pouvait paraître irrévérente, scandaleuse, impie.

Sainte-Beuve sut toujours garder une juste mesure. Il ne s'abandonna jamais à ces plaisanteries de mauvais goût, à ces violences de langage qui ont jeté sur le romantisme une défaveur durable. Ce n'est pas lui qui aurait traité Boileau de *perruque* et Racine de *polisson*. Il était non-seulement trop bien élevé, mais encore trop véritablement lettré pour cela. J'ai voulu relire dans les *Portraits littéraires* les chapitres où le critique, dans la fougue et la verdeur de la jeunesse, a étudié de près les œuvres du satirique consciencieux, du tragique élégant, éloquent, et j'avoue que je n'ai pu y découvrir les traits, les malices qui chatouillaient si désagréablement, il y a une quarantaine d'années, l'épiderme des puritains classiques. Avec le temps, les flèches se sont-elles émoussées? Je ne sais. Ce qu'il y a de certain, c'est qu'on aurait tort de considérer Sainte-Beuve comme un iconoclaste pour avoir écrit ces intéressantes et innocentes esquisses. Il n'a cependant pas été lui-même sans en

concevoir quelque regret, et dans *Port-Royal*,
dans les *Causeries*, chaque fois que l'occasion s'est
offerte, il a fait amende honorable, multiplié les
rectifications et les excuses. C'est vraiment trop,
et l'on pourrait lui appliquer le joli vers de Piron :

Gresset se trompe : il n'est pas si coupable.

L'intention d'ailleurs était excellente, et les
quelques observations risquées par le critique, portant principalement sur le style, n'avaient d'autre
objet que de légitimer, par comparaison et contraste, les innovations de la jeune école, d'en faire
sentir la nécessité pressante. On ne rudoyait un
peu le passé que quand il barrait trop obstinément
le passage à l'avenir. On ne se révoltait pas précisément contre lui, mais on le maintenait assez fer-
mement à l'écart et l'on cherchait, dans un passé
plus reculé, moins gênant, moins opprimant, les
premiers anneaux de la chaîne poétique française,
qu'on avait la haute et noble prétention de re-
nouer, de prolonger.

Quelques-uns, parmi les poëtes en train de s'é-
manciper, allaient volontiers plus loin dans leurs
tendances. Ils n'admettaient pas que la tradition
nationale fût tout, et qu'en dehors d'elle, de ses

lieux communs, de ses préjugés, on ne pût être tenu pour homme de goût, de mérite. Leur raison se refusait plus énergiquement encore à concevoir qu'un seul siècle eût eu l'exorbitant privilége de voir naître et se produire tous les écrivains-types, tous les modèles dont on devait suivre les exemples, imiter les procédés sous peine d'être rangé au nombre des mauvais sujets et des hérétiques.

De semblables exigences les indisposaient, les blessaient à tel point, que leurs regards se tournaient involontairement vers les nations voisines, vers les littératures étrangères, pour y chercher des enseignements moins étroits, des sources plus abondantes et plus généreuses. L'Orient même, si peu connu qu'il fût alors, commençait à miroiter devant des esprits fatigués de pédantesques disciplines et s'offrait à eux avec mille séductions, avec mille prestiges. Sainte-Beuve, d'humeur essentiellement casanière, et que les longs voyages effrayaient, ne se hasarda point à si grande distance; mais, sans quitter le sol natal, il ne négligea rien pour élargir la tradition, et, lorsqu'elle lui paraissait trop résistante, pour la déplacer, pour en créer une nouvelle à côté.

Il avait pris à tâche de trouver des parrains, de

donner des ancêtres aux romantiques. Tantôt il les
rattachait à André Chénier; tantôt il s'aventurait
jusque sous les Valois et s'efforçait d'établir quelques rapports, quelques liens entre la Pléiade et le
Cénacle. Nous ne discuterons pas ces tentatives en
elles-mêmes; le temps en a fait justice. Ce qu'elles
présentaient de spécieux ne dissimule plus aujour-
d'hui ce qu'elles avaient de factice et d'artificiel.
Nous ne saurions toutefois regretter ces pérégrinations du critique dans les régions alors inexplorées
de notre histoire littéraire, puisqu'il en a rapporté
un livre charmant et instructif, le *Tableau de la
poésie française au* xvie *siècle*. Peu de lectures sont
plus agréables, plus profitables. Que de renseignements curieux, de précieuses indications, de citations heureusement choisies! Même après tout ce
qu'on a écrit d'excellent à propos de Rabelais depuis quelques années, le chapitre sur l'auteur du
Gargantua demeure amusant à lire et utile à consulter.

Singulière destinée que celle de ce livre, conçu
dans une intention dogmatique, instrument plus
ou moins direct de polémique, de propagande, et
devenu peu à peu, sous l'action obstinée du public,
qui n'a pas voulu y voir autre chose, un ouvrage

d'aimable et saine érudition ! Nous nous y prenons à de gracieux et piquants détails, qui ont été introduits depuis ou qui n'étaient que des accessoires, servant simplement à parer, à orner le petit temple élevé à Ronsard. Aujourd'hui le temple réduit ou dégénéré en chapelle ne nous occupe et ne nous retient qu'un instant ; mais à l'origine il était le point principal et comme le centre du livre. Rien de plus naturel, étant donné le but réel de l'écrivain. Presque tout ce qu'il disait de Ronsard s'appliquait à Victor Hugo. L'éloge des hardiesses et des beautés qui se rencontrent chez l'auteur de *la Franciade* n'était là, en grande partie, que pour masquer, légitimer et autoriser les innovations délibérément pratiquées par le poëte des *Odes et Ballades.*

Ceci n'est pas un accident, un hasard, c'est, chez Sainte-Beuve, une règle sans exception. Ses théories littéraires recouvrent, abritent toujours des noms propres. Il est l'homme des individus, non celui des idées. Les doctrines générales par elles-mêmes le rebutent, quand elles ne l'épouvantent pas ; mais s'il faut inventer une formule pour expliquer, rendre accessible et populaire le talent de telle individualité éminente, sous le charme de laquelle il est momentanément, on le verra trouver avec une rare décision, exposer avec une lucidité merveilleuse tout un système, appuyé au besoin sur les raisonnements les plus abstraits. C'est la poétique du Cénacle, celle d'Émile et d'Antony Deschamps, de Vigny, de Victor Hugo, qu'au début il a soutenue, propagée, formulée beaucoup plus que la sienne propre; j'entends celle vers laquelle le portaient ses instincts. Toute sa vie, mais plus expressément pendant sa jeunesse, sa poétique, son esthétique a été celle de ses relations et de ses amitiés. Il s'inféodait à ses amis; il ne les embrassait pas seulement, c'eût été trop peu, il les épousait, eux, leur talent, leurs convictions, leurs théories et leurs erreurs. Il ne voyait, ne jurait, ne vivait que par eux.

C'est cette disposition particulière qui a donné, qui donne encore tant de charme aux *Portraits contemporains*. Ils sont peints avec les délicatesses, les raffinements, les ferveurs de la passion. Tout y est en lumière ou, pour mieux parler, en gloire, en nimbe, en auréole. Ces portraits, on ne saurait le nier, n'ont pas peu contribué à rendre le public favorable aux poëtes de l'école romantique. On les lui présentait sous de si séduisantes couleurs, d'une

façon si engageante, avec tant de caresses et d'har-
monieuses modulations dans la voix, qu'il n'y
avait vraiment pas moyen de résister. Les bizar-
reries, les aspérités, les lacunes, les contradictions,
les côtés anguleux, Sainte-Beuve excellait à pallier,
à dissimuler tout cela.

Assurément c'est une rare bonne fortune pour
un groupe littéraire que de rencontrer un critique
si intelligent, si compréhensif, si ardent, si dévoué,
si passionnément ami et même complice. Les productions qu'on admire depuis trente, quarante ans,
n'auraient peut-être été appréciées que beaucoup
plus tard, auraient peut-être mis un temps infini à
faire leur chemin et à conquérir leur autorité, s'il
ne s'était trouvé juste à point, par la plus heureuse
des rencontres, quelqu'un capable de les sentir et
fait pour les rendre accessibles à tous. La dette de
l'école romantique à l'égard de Sainte-Beuve est
donc réelle et fort grande ; mais la médaille a son revers, et l'on se demande, quand on relit les *Portraits
contemporains* dans les dernières éditions, criblées
d'avertissements, de post-scriptum, d'appendices et
de notes qui chicanent, qui amoindrissent le texte
et parfois le détruisent, on se demande si en vérité
Sainte-Beuve par ses retours de sévérité, de cruau-

té, n'a pas repris plus qu'il n'avait donné, n'a pas dispensé de reconnaissance ceux qui pouvaient et devaient, dans une large mesure, se croire ses obligés.

Sans doute, le critique est absolument libre de ses impressions; il n'est pas enchaîné à ses jugements ni rivé à ses admirations premières. Si l'écrivain dont il a loué le début se dément et faiblit, si même son point de vue, à lui critique, vient à se modifier, il est de son devoir de ne point s'immobiliser par vain amour-propre ou indolence d'esprit. Tel est le principe, telle la loi qui doit le diriger. Mais dans ces questions de conscience, de délicatesse morale, il importe de ne pas s'en tenir aux généralités et d'entrer dans le détail : tout est affaire de mesure et de précision. Avant de prononcer sur la manière d'agir de Sainte-Beuve, il faut nous rendre compte bien exactement de son caractère, de sa nature; il ne sera pas mauvais non plus de vérifier si, parmi les modèles, les originaux de ses portraits, quelques-uns, dans leurs évolutions et variations, n'auraient point provoqué, justifié les rigueurs du critique.

On a pu croire tout à l'heure, quand je parlais des ardents, des incroyables enthousiasmes de

Sainte-Beuve, que j'exagérais à plaisir ; je tiens à prévenir tout reproche à cet égard. Pour se faire une idée de l'exaltation, de l'humilité, de l'extraordinaire piété avec laquelle il entrait dans le Cénacle, il est indispensable de relire quelques-unes des pièces des *Consolations* et la préface adressée à Victor Hugo. Parmi les pièces auxquelles je fais allusion, il en est une dédiée à de Vigny, dans le but expressément avoué de le consoler d'un échec au théâtre. Dans cette épître les qualifications élogieuses abondent sans discrétion et sans proportion. L'auteur d'*Eloa*, de *Moïse*, y est appelé *chantre élu, ange, séraphin, apôtre*. Toutes les bénédictions imaginables, les prophéties rassurantes et flatteuses lui sont prodiguées, tandis qu'on taxe de jalousie et de rage ceux qui n'ont pas suffisamment compris, applaudi la traduction d'*Othello*. Ce n'est rien encore : arrivé presque au terme de son épître, le poëte ébloui, renversé, prosterné, pâmé, se tourne vers le *frère des célestes hôtes* et lui dit très-sérieusement :

> Et puis, un jour, — bientôt, — tous ces maux finiront.
> Vous rentrerez au ciel, une couronne au front,
> Et vous me trouverez, moi, sur votre passage,
> Sur le seuil, à genoux, pèlerin sans message,

> Car c'est assez pour moi de mon âme à porter,
> Et, faible, j'ai besoin de ne pas m'écarter.
> Vous me trouverez donc en larmes, en prière,
> Adorant du dehors l'éclat du sanctuaire,
> Et, pour tâcher de voir, épiant le moment
> Où chaque hôte divin remonte au firmament.
> Et si, vers ce temps-là, mon heure est révolue,
> Si le signe certain marque ma face élue,
> Devant moi roulera la porte aux gonds dorés,
> Vous me prendrez la main, et vous m'introduirez.

Je ne m'arrête pas à cette singulière idée de transformer Alfred de Vigny en archange d'outre-tombe, en maître des cérémonies *in extremis*. Je ne veux que faire remarquer le ton général. Est-il assez respectueux, assez enthousiaste, assez idolâtre? S'il est question de Lamartine l'accent est le même. Quant à M. Hugo, il n'est jamais appelé que *notre grand Victor*, et ses admirateurs actuels seraient en peine d'inventer une flatterie qui ne lui ait pas été adressée dans les *Consolations*. Ainsi voilà qui semble entendu. Nous sommes, ou du moins nous nous croyons, en présence d'un fanatique prêt à tourner au sectaire et qui, même en rabattant avec l'âge de ses adorations primitives, restera un caudataire passionné, le disciple par excellence, un Naigeon, un Damilaville, un Brossette. Mais nous avons compté sans les contradictions de la nature humaine. Dans ce fanatique, il y a un sceptique; dans ce disciple, un juge; dans ce caudataire, un indépendant, qui ne se forge des liens que pour les briser.

Dans *Joseph Delorme*, ce livre âpre et sincère où le vrai Sainte-Beuve se décèle, apparaît à chaque page, je trouve le sonnet suivant, qui exprime à merveille cette disposition à la révolte intérieure, à une énergique revendication de la personnalité un instant abandonnée et aliénée. A la vérité, dans ce sonnet il s'agit d'amour et non d'amitié, mais il est très-légitime de conclure du plus au moins, surtout lorsqu'on sent derrière soi vingt exemples qui confirment la véracité du témoignage invoqué :

Osons tout et disons nos sentiments divers :
Nul moment n'est plus doux au cœur mâle et sauvage
Que lorsqu'après des mois d'un trop ingrat servage,
Un matin, par bonheur, il a brisé ses fers.

La flèche le perçait et pénétrait ses chairs
Et le suivait partout : de bocage en bocage
Il errait. Mais le trait tout d'un coup se dégage :
Il le rejette au loin, tout sanglant, dans les airs.

O joie! ô cri d'orgueil! ô liberté rendue!
Espace retrouvé, courses dans l'étendue!
Que les ardents soleils l'inondent maintenant!

Comme un guerrier mûri, que l'épreuve rassure,
A mainte cicatrice ajoutant sa blessure,
Il porte haut la tête et triomphe en saignant.

C'est parler net, j'espère, et se découvrir avec une sorte de fière ingénuité. Faisons-en notre profit. Ces indications empruntées à des productions qui datent de la jeunesse de Sainte-Beuve marquent clairement les deux extrémités, les deux pôles de sa nature. Il est indépendant et pourtant aisément séduit; entraînable, mais incapable de fixité, de fidélité. Ce serait le meilleur des soldats s'il ne désertait constamment; le type du réfractaire si, chaque jour, il ne s'engageait sous de nouveaux drapeaux. D'instinct et de verve, nul n'a mieux pratiqué la maxime du prudent Montaigne, qu'il faut se prêter à tout le monde et finalement se garder pour soi. Sainte-Beuve a passé sa vie à se prendre et à se déprendre, à se livrer et à se ressaisir. Incessamment il a flotté entre l'engouement et le désenchantement. Son œuvre critique pourrait porter pour épigraphe : enthousiasme et repentir. Moins évidente, moins accusée, moins en dehors, à mesure que l'expérience et l'âge se faisaient sentir, cette disposition a persisté chez lui jusqu'à la fin. Il était facile, et quelquefois assez divertissant, d'en constater, d'en suivre les effets jusque dans les moindres détails de la vie intime.

Un de nos modernes romanciers, pour le talent duquel Sainte-Beuve s'était pris d'un goût très-vif, et dont il avait lancé le premier livre par un de ses plus brillants articles, accourt, un jour, rue Montparnasse, dans tout le feu de la reconnaissance, force la consigne, fait invasion dans le cabinet de travail, apportant sous son bras, devinez quoi? — son portrait. — Cher ami, dit le maître, quelle excellente idée vous avez eue-là! je vous remercie de cette délicate attention. Voilà un cadre qui va désormais me tenir compagnie. — Le romancier s'en va joyeux, enchanté, aux anges. On accroche le portrait entre les deux fenêtres, à la place d'honneur, tout près de la table. Au bout de quelque temps, l'homme au portrait écrit un second livre moins réussi que le premier. Les objections, les plaisanteries pleuvent de toutes parts sur le malheureux auteur. Le portrait, du coup, descend au rez-de-chaussée. Au troisième roman, il était, si je m'en souviens bien, dans une chambre d'ami. On m'a dit, et la chose est probable, qu'on l'avait retrouvé, en dernier lieu, dans quelque endroit près duquel le grenier serait un séjour aristocratique.

J'ai posé la contradiction dans ce qu'elle offre

d'incontestable et en quelque façon d'irréductible.
Le procédé de Sainte-Beuve se révèle à nous, après
cette première analyse, comme une conséquence de
sa nature. Sous le rapport de l'équité, il a été, en
définitive, un critique complet, mais il n'est arrivé
à cette intégrité, dans toute la force du mot, que
successivement, après bien des fluctuations, des ex-
périences et des désaveux.

Il a d'abord très-bien vu et très-bien montré le
beau côté, puis certains défauts l'ont frappé. Il les
a notés et mis au jour avec une fidélité non moins
grande. Seulement, que voulez-vous, le portrait
était fait, la peinture avait séché, la couleur avait
pris un certain ton. Les retouches, quand on a
essayé d'en faire, ont juré avec l'ensemble, dé-
tonné. Elles ont paru violentes et criardes. On a
tenté une autre méthode; on a fait courir le long
du cadre de petits médaillons; les caissons, rem-
plis et surchargés, ont dû servir de supplément et
de correctif à la toile principale. Tout cela, j'en
conviens, n'est pas de nature à donner une impression bien nette, bien franche, pleinement et largement satisfaisante, mais, en somme, on a la diversité des observations et des jugements sous les
yeux, les documents et les pièces du procès dans

les mains ; et une information si bien faite, si rigoureuse, si consciencieuse n'est certes pas à dédaigner. Si elle ne donne pas le dernier mot sur chaque écrivain, elle aide à dégager, à trouver ce mot caractéristique en opposant vivement les unes aux autres les beautés et les imperfections de l'œuvre.

Il est équitable aussi de remarquer que ce désaccord dont nous sommes frappés, ce perpétuel tiraillement entre l'éloge et le blâme, entre la pleine admiration et les restrictions ultra-sévères qui, à la lecture des *Portraits contemporains*, nous fatiguent et, par moments, nous irritent, ne se sont pas produits dans la réalité avec cette soudaineté déconcertante. A la même page, à la même minute, nous avons le *oui* et le *non* sous les yeux, mais ce *non*, il importe de ne pas l'oublier, a mis bien des années à venir, à se formuler ; il ne s'est accentué que peu à peu, sous le coup des impressions successives, sous le poids déterminant des circonstances. Ajoutons que l'écart a été réciproque, et que, si le peintre a beaucoup appelé de ses enthousiasmes, les modèles, de leur côté, n'ont pas été très-fidèles aux principes qui avaient dirigé et inspiré leurs débuts. Plusieurs même, si je m'en rapporte à l'allégation positive d'un témoin bien informé, plusieurs, enivrés par le succès, éblouis par une popularité rapide, se sont promptement détachés, éloignés du critique bienveillant auquel ils devaient une bonne part de cette popularité, de ce succès.

« Parmi les désintéressements littéraires, je n'en sais pas de plus éclatant que celui de Sainte-Beuve, affirmait résolument Gustave Planche vers 1840. Depuis dix ans, il n'a pas écrit une page qui ne rende témoignage pour lui et malheureusement aussi contre bien d'autres. Il a tendu à bien des grandeurs chancelantes une main fraternelle, dont l'étreinte s'est relâchée sans qu'il y eût de sa faute. Il a secouru bien des naufragés qui ont oublié le nom de leur sauveur en touchant le rivage. Il a couvert de la pourpre impériale bien des soldats obscurs avant son acclamation, et qui se sont éloignés de lui en disant comme un des Césars à son lit de mort : « Je sens que je deviens Dieu. »

On voit que, chez un certain nombre d'écrivains, l'ingratitude, ou du moins l'oubli, l'abandon, avait précédé la sévérité du critique. Je ne pense pas qu'à elles seules ces défections aient été de nature à la provoquer. Sainte-Beuve sentait comme un autre, quelquefois même plus douloureusement qu'un autre, les blessures d'amour-propre et l'outrage des mauvais procédés, mais il a toujours su tenir son goût au-dessus de ses mécomptes et de ses passions.

Sa biographie, rapprochée de celle de ses principaux contemporains, nous fournit une explication plus haute à la fois et plus simple du changement qui s'opéra progressivement dans sa manière de voir et d'apprécier les œuvres marquantes de la littérature moderne. A partir de 1835, il y eut entre lui et ses principaux amis romantiques un commencement de séparation qui alla toujours s'aggravant, se prononçant davantage. Cette séparation était motivée, beaucoup moins par des froissements de vanité ou des dissentiments purement littéraires, que par la très-réelle différence des chemins où chacun s'engageait. Le Cénacle, radicalement modifié et transformé, tournait au libéralisme dans la personne de ses plus illustres membres. Une politique embarrassée encore dans ses formules, incertaine dans son expression, parfois contradictoire dans ses actes, mais aventureuse, émancipatrice, humanitaire déjà dans ses allures et ses tendances, se mêlait de plus en plus chez Lamartine, chez Hugo et même chez Alfred de Vigny à la littérature proprement dite. Sans faire précisément partie de l'opposition, ils entraient à voiles déployées dans le courant du progrès et de l'avenir; ils concevaient de vastes et généreuses espérances; ils se jetaient dans le mouvement et ils le redoublaient.

Les dispositions de Sainte-Beuve étaient tout autres. La curiosité, en ce qu'elle a de plus éclectique, s'emparait de lui à mesure qu'il se vouait à l'étude et qu'il approfondissait les choses. Tout ce qui comportait ou supposait de la passion, de l'entraînement, une détermination très-arrêtée, lui devenait aisément importun et même odieux. Il a pris soin de manifester cet état de son âme et de son esprit dans un très-curieux travail publié en 1835, sous ce titre : *Du génie critique et de Bayle.* Dans ce morceau, considérable par son étendue et par les idées qu'il contient, Sainte-Beuve explique avec beaucoup de franchise, avec une insistance particulière, à quelle conception, en ce moment de sa vie, il en est arrivé relativement à la fonction du critique.

Ce travail est d'autant plus intéressant à consulter que nous nous trouvons pour la première fois en

présence d'une expression nette et mûrement ré-
fléchie de la méthode qui, après bien des expé-
riences et des modifications, avec des additions et
des élargissements de toutes sortes, deviendra la
méthode définitive du maître. Nous la voyons
poindre ici, et mieux que poindre. Nous sommes
déjà loin de ces manifestes belliqueux, de ces pro-
clamations enthousiastes, de ces transparentes et
triomphantes allusions qui ouvraient, comme par
un coup de trompette, les articles sur Pierre Corneille, André Chénier et Victor Hugo. Le critique
n'est plus un prophète, un précurseur, un éclaireur; à la passion, souvent injuste, il entend désormais substituer la curiosité impartiale; à l'ardente recherche, le pur *amusement de l'esprit;* à
l'enthousiasme, une sereine indifférence.

« *Cette indifférence du fond,* écrit-il en défi-
nissant autant son propre procédé que celui de
Bayle, cette tolérance prompte, facile, aiguisée de
plaisir, *est une des conditions essentielles du génie
critique,* dont le propre, quand il est complet, consiste à courir au premier signe sur le terrain d'un
chacun, à s'y trouver à l'aise, à s'y jouer en maître
et à connaître de toutes choses. Bayle avertit en un
endroit son frère cadet, qu'il lui parle des livres sans

aucun égard à la bonté ou à l'utilité qu'on en peut tirer : « Et ce qui me détermine à vous en faire « mention est uniquement qu'ils sont nouveaux, « ou que je les ai lus, ou que j'en ai ouï parler. »

Les conséquences d'une pareille doctrine ne sont pas difficiles à déduire. Si tout mérite une égale attention, c'est qu'au fond tout se vaut. Pourquoi accepter ceci, rejeter cela, établir des distinctions, énoncer des préférences? Il n'y a point de production, pour insipide et insignifiante qu'elle soit, qui ne puisse réclamer le jugement et la publicité de la critique, par cela seul qu'elle est. Croyez-vous que de telles conséquences aient échappé à Sainte-Beuve, ou qu'il ait reculé devant elles? Vous vous tromperiez. Il ne peut, à la vérité, s'empêcher de sourire des mélanges et associations bizarres que fait Bayle, mettant le ballet de *Psyché* au niveau des *Femmes savantes;* applaudissant l'*Hippolyte* de M. Racine et celui de M. Pradon, *qui sont deux tragédies très-achevées;* plaçant Bossuet côte à côte avec le *Comte de Gabalis*, vantant l'*Iphigénie* et sa préface, qu'il aime presque autant que la pièce, à l'égal de *Circé*, opéra à machines; et pour comble, trouvant que « M. Boileau est d'un mérite si distingué, qu'il eût été difficile à messieurs de l'Académie de remplir aussi avantageusement qu'ils ont fait la place de M. de Bezons. » Mais réprimant vite ce demi-sourire, Sainte-Beuve ajoute fort sérieusement :

« On le voit, Bayle est un véritable républicain en littérature. Cet idéal de tolérance universelle, d'anarchie paisible, et en quelque sorte harmonieuse, dans un État divisé en dix religions comme dans une cité partagée en diverses classes d'artisans, cette belle page de son *Commentaire philosophique*, il la réalise dans sa république des livres, et, quoiqu'il soit plus aisé de faire *s'entre-supporter* mutuellement les livres que les hommes, c'est une belle gloire pour lui, comme critique, d'en avoir su tant concilier et tant goûter. »

Il m'est impossible, je l'avoue, de voir ce qu'il y a d'honorable pour Bayle à concilier le bon et le mauvais, à goûter avec une égale satisfaction l'exquis et l'exécrable. Une pareille tolérance me semble tout justement le contraire du goût, du discernement littéraire, la parfaite et absolue négation de l'esprit critique. Mais il n'est pas temps encore de discuter. J'expose en ce moment, et je résume. On ne niera point, je pense, après ces citations décisives, que Sainte-Beuve ne s'accommode du pro-

cédé de Bayle jusqu'en ses plus extrêmes conséquences. Tout l'article sur le *Génie critique* n'est
que le développement et l'éloge de ce procédé.
Sainte-Beuve s'y complaît, il y insiste, il y revient
à plus d'une reprise. « Ce génie, dit-il, dans son
idéal complet... prend tout en considération, fait
tout valoir et se laisse d'abord aller, sauf à revenir
bientôt... Il ne craint pas de se mésallier ; il va
partout, le long des rues, s'informant, accostant ; la
curiosité l'allèche, et il ne s'épargne pas les régals
qui se présentent. » Enfin, dernier aveu précieux à
noter, le critique ne peut se tenir de confesser que
« l'infidélité est un trait de ces esprits divers et in-
telligents... Ils ne se font pas faute de se réfuter
eux-mêmes et de retourner la tablature. »

Avais-je tort de dire que cet article sur Bayle est
d'une importance capitale ? Nous y saisissons,
nous y constatons ce qu'on pourrait appeler la seconde étape de Sainte-Beuve. D'une part, il se can-
tonne dans une curiosité désintéressée et universelle qui est la forme active, décente de l'indifférence ; de l'autre, prévoyant qu'il pourra bien être
amené, dans un temps plus ou moins prochain, à
modifier ses premiers jugements, à les tempérer en
y introduisant discrètement des réserves et des

correctifs, il se ménage un alibi et prend ses précautions en faisant l'éloge de ce génie critique, *qui se laisse aller pour revenir bientôt,* et en présentant l'infidélité comme une condition presque aussi essentielle que l'indifférence.

Ainsi que je le disais au début de ce chapitre, la fougueuse rivière est devenue un paisible étang ; on peut plier la voile et tirer la barque sur le bord. Ce n'est plus une barque qu'il faut au critique, c'est un bon fauteuil placé sur une colline moyennement haute (les cimes ont leurs éblouissements!), d'où il puisse apercevoir à son aise plus d'un spectacle, et assister au défilé ininterrompu de la caravane littéraire. Le dogmatique, le révolutionnaire ne sont plus ; le chercheur même, au sens élevé de ce terme, a dès à présent donné sa démission ; il ne reste qu'un spectateur au regard pénétrant, un contemplateur attentif, mais immobile et qui se fait une étrange illusion en préférant l'acuité de la vue à l'agilité des jambes, à l'élasticité des jarrets.

S'il ne tournait pas précisément le dos à ses anciens compagnons et amis, Sainte-Beuve, on doit commencer à en être convaincu, était loin de s'associer à leurs efforts, de partager leurs espérances, de se sentir entraîné dans leur direction. Il choisissait, pour s'asseoir à mi-côte, juste le moment où les vaillants pèlerins redoublaient d'activité, de résolution, pour gravir les plus périlleux sommets. Désormais, dans les jugements qu'il portera sur eux, il se mêlera inévitablement un grain de cette humeur narquoise, familière à l'homme assis qui, de loin, moitié content de son bien-être, moitié jaloux de leur audace, suit de l'œil les grimpeurs sur la montagne. Pour que la différence fût complète, et comme si l'on avait tenu de part et d'autre à rendre le contraste bien saillant, tandis que Hugo par *Notre-Dame de Paris*, Lamartine par *Jocelyn*, George Sand par *Lélia*, s'affranchissent ou vont s'affranchir au point de vue religieux, Sainte-Beuve, biaisant avec l'esprit nouveau, incline vers une poétique dévotion, s'inquiète des séminaires et des cloîtres, écrit *Volupté*, prépare et compose *Port-Royal*.

Ceux qui ont lu attentivement ces deux ouvrages, qui en ont bien saisi le sens et la portée, ne seront pas surpris si je rapproche le roman de l'histoire, si je considère la fiction comme inséparable, sous certains rapports, du grave et substantiel récit. Quelque scabreux que soient et son titre et nombre des détails qu'il renferme, le roman de *Volupté* est, dans l'œuvre de Sainte-Beuve, la plus naturelle introduction à *Port-Royal*.

Volupté est sorti de la même inspiration arbitraire, du même mouvement factice que les *Consolations*. J'ai suffisamment qualifié et caractérisé dans le précédent chapitre cette veine particulière et malencontreuse de la production de Sainte-Beuve pour n'avoir point à y revenir ici. Je dirai seulement que *Volupté* est de beaucoup supérieur aux *Consolations*, parce que dans ce roman, à côté du ton dévotieux, agaçant par sa fausseté, il y a une réalité psychologique, vivante, saignante, palpitante, qui est décrite et analysée avec un admirable talent. Quand Amaury se perd dans les subtilités mystiques et les oraisons jaculatoires, il est simplement ennuyeux, mais lorsqu'il nous entretient dans un langage délicat, flexible, ondoyant, savamment nuancé, de ses angoisses, de ses luttes intérieures, de ses aspirations et de ses efforts vers le bien, il nous touche, nous émeut; ses paroles trouvent le chemin de notre cœur et se gravent dans notre mémoire.

Il y a d'ailleurs dans *Volupté* un réel talent de romancier. Le marquis et la marquise de Couaën, madame R., les enfants, sont des figures très-vivantes. L'action est faible et peu mouvementée. Quelques endroits cependant sont du plus beau dramatique. La marquise de Couaën priant, au lit de mort, Amaury, devenu prêtre, d'entendre sa confession, de l'assister et de la bénir en ce suprême passage, est une invention heureuse et qui a de la grandeur morale. Lamartine, dans *Jocelyn*, a visiblement imité cette situation. La confession de Laurence est assurément un morceau fort remarquable; elle n'a pourtant point fait oublier la scène finale de *Volupté* à ceux qui avaient lu le roman de Sainte-Beuve. Ce livre a toujours eu sa clientèle d'admirateurs et de fidèles. Le nombre en serait plus grand si ce placage dévotieux, auquel Sainte-Beuve attachait tant d'importance et de prix, n'écartait les esprits droits qui ont horreur des mélanges, des compromis.

De là vient aussi la prévention qui a longtemps pesé sur *Port-Royal*. Cela se comprend. A ne juger que par le ton et le style, les premiers volumes de cette histoire se confondent presque avec les dernières pages de *Volupté*. Les ressemblances, les analogies sont frappantes. Comment en serait-il autrement? Pendant que Sainte-Beuve écrivait son roman, il amassait des matériaux pour composer *Port-Royal,* et il portait dans la préparation et l'exécution de ces deux ouvrages la même préoccupation mystique. Du reste, comme effet définitif, comme impression durable, *Port-Royal,* tout en participant de *Volupté,* aura certainement un plus heureux et plus glorieux sort. La réalité historique est, pour la narration en six volumes, ce qu'est pour le roman la vérité psychologique, avec cette différence, en faveur du livre d'histoire, que la réalité y va toujours croissant, qu'elle échauffe, qu'elle enlève l'historien aussi bien que le lecteur, tandis que dans *Volupté* le côté humain ne parvient pas à se dégager complétement de la religiosité parasite qui le voile et l'étouffe.

Cet ouvrage de *Port-Royal,* qui a pris vingt ans et plus de la vie de Sainte-Beuve, et auquel, pour bien dire, il n'a jamais cessé de travailler, permettrait à lui seul, si tous les autres livres de l'éminent écrivain venaient à se perdre, de reconstituer sa physionomie morale, d'en suivre les variations, les accroissements, les défaillances, les altérations. Commencé dans un accès de piétisme, poursuivi par amour de l'étude, par goût de l'exactitude historique, ce livre a été terminé au milieu d'un découragement, d'un détachement absolu du sujet, dont les pages qu'on peut lire à la fin du sixième volume donnent une idée assez juste, quoique bien affaiblie encore.

Je n'oublierai jamais la pénible impression que j'éprouvai lorsqu'un matin du mois d'août 1857, avant de nous mettre à la tâche quotidienne, Sainte-Beuve me lut cet éloquent et désolant post-scriptum de son œuvre. Familiarisé avec ce sujet, je m'en étais épris, j'en avais le respect, l'enthousiasme ; je me sentis comme frappé dans mon culte intime, dans ma religion de famille. Mon premier mouvement fut de prier Sainte-Beuve, non pas de supprimer ces pages, mais de les communiquer seulement à quelques amis. Il me semblait que publiées, mises en lumière, elles allaient faire crouler le monument, ou que du moins personne ne songerait à s'aventurer dans un édifice dont l'architecte était le premier à proclamer la fragilité. Sainte-Beuve tint compte d'abord de mes observations, et le post-scriptum dut n'être joint qu'à un petit nombre d'exemplaires. Mais les pages étaient trop réussies, trop vibrantes, trop belles, pour que l'artiste pût se résigner à les garder ainsi long-temps dans le demi-jour. Depuis, elles ont couru

le monde, et elles ont moins scandalisé que je ne
le croyais. Le public a fait comme l'auteur, il a été
sensible à la forme, et il a tout pardonné à cause de
cela. Ce document n'appartient point à la phase de
la vie de Sainte-Beuve dont nous parlons en ce moment, et j'ai involontairement anticipé. Je désirais
seulement résumer en quelques mots l'échelle de
sentiments et d'idées suivie dans cette vaste composition par l'historien philosophe.

Le premier volume de *Port-Royal* est le seul où
l'on trouve dans sa pureté originelle, et presque
sans mélange de scepticisme ou de simple curiosité
littéraire, l'inspiration mystique et poétique qui a
présidé à la conception de l'ouvrage. Ce volume,
publié en 1840, représente toute l'élaboration antérieure, six ou sept années de patiente et persévé-
rante gestation. Il est l'expression d'un mouvement
intérieur arrivé à sa dernière limite. Par une
étrange ironie des circonstances, le début d'une
œuvre si considérable devait marquer le terme et
coïncider, en quelque sorte, avec l'évanouissement
de l'esprit qu'elle était, dans la pensée primitive de
l'auteur, destinée à répandre et à glorifier.

En cette année 1840, une évolution décisive
s'accomplit dans l'intelligence et dans l'âme de

Sainte-Beuve. Les velléités de croyance et de piété disparurent sans retour ; le doute prit leur place. Il n'était pas difficile à quiconque a suivi attentivement l'itinéraire intellectuel et moral de Sainte-Beuve d'indiquer approximativement cette date. Aujourd'hui nous pouvons l'assigner avec pleine certitude, sur la foi même de sa déclaration formelle. Voici ce que nous lisons à la fin d'une étude sur La Rochefoucauld, recueillie et comprise un peu capricieusement parmi les *Portraits de femmes*.

« Cet article sur La Rochefoucauld (s'il m'est permis de le faire remarquer aujourd'hui) indique une date et un *temps*, un retour décisif dans ma vie intellectuelle. Ma première jeunesse, du moment que j'avais commencé à réfléchir, avait été toute philosophique, et d'une philosophie positive, en accord avec les études physiologiques et médicales auxquelles je me destinais. Mais une grave affection morale, un grand trouble de sensibilité était intervenu vers 1829, et avait produit une vraie déviation dans l'ordre de mes idées. Mon recueil de poésies, les *Consolations*, et d'autres écrits qui suivirent, notamment *Volupté* et les premiers volumes de *Port-Royal*, témoignaient assez de cette disposition inquète et émue qui admettait une part notable de mysticisme. L'étude sur La Rochefoucauld annonce la guérison et marque la fin de cette crise, le retour à des idées plus saines, dans lesquelles les années et la réflexion n'ont fait que m'affermir (1869). »

Cette date est à remarquer. La dernière édition des *Portraits de femmes*, qui porte même, par anticipation, le millésime de 1870, a été revue de très-près et soigneusement annotée par l'auteur peu de mois avant sa mort. Nous avons donc ici la vraie pensée de Sainte-Beuve, son jugement final en même temps que sa déclaration expresse sur cette phase particulièrement importante de son existence spirituelle. Ce franc et complet aveu est tout à fait d'accord avec nos observations et nos inductions; il les confirme entièrement. J'aurais bien à faire quelques petites chicanes de détail : par exemple, je n'étends pas aux trois premiers volumes de *Port-Royal* le reproche de religiosité que leur adresse indirectement Sainte-Beuve. Dès le tome second, l'émancipation au point de vue philosophique est sensible. Les mots *guérison* et *idées plus saines*, employés pour signifier le passage du mysticisme au scepticisme, me semblent

d'une justesse contestable et je fais mes réserves.
S'il y eut d'une part éclaircissement et délivrance,
il y eut aussi de l'autre aggravation et endurcisse-
ment notables. La guérison ne fut que très-relative
et consista, au rebours de la locution populaire,
à changer un cheval aveugle contre un cheval
borgne.

Mais enfin, sans tant épiloguer ni discuter,
bornons-nous à retenir l'aveu en lui-même. Le
15 janvier 1840, par son article sur La Rochefoucauld, Sainte-Beuve rompait, au moins intérieurement, avec les préoccupations et les errements des
dix années précédentes. Il s'éloignait décidément
d'un piétisme flottant et vague pour entrer, après
mûre réflexion, dans la franchise et la liberté du
doute. La scission avec son passé était plus profonde, plus radicale qu'il ne le pensait. Sa foi littéraire n'était pas moins atteinte que ses aspirations
religieuses, et il allait pouvoir vérifier sur lui-même
la vérité de cet axiome souvent répété : On ne fait
pas au scepticisme sa part [1].

1. Le rapprochement n'est pas gratuit. L'article intitulé : *Dix
ans après en littérature,* dans lequel Sainte-Beuve essayait de dis-
cipliner et de régulariser l'ancien groupe romantique, ainsi que
d'autres écrivains venus depuis, cet article désabusé, plein de sous-
entendus restrictifs, et où perce le mécontentement, est du 1er mars

Il ne faudrait point s'imaginer qu'en se désinté-ressant de son sujet Sainte-Beuve se sentît disposé ou autorisé à le traiter avec moins d'exactitude et d'étendue, à s'y consacrer avec moins de zèle. Ce serait se faire de cette nature essentiellement con-sciencieuse une bien fausse idée. Les défaillances momentanées du poëte, du philosophe, de l'homme public, n'altéraient, ne ralentissaient point l'infati-gable activité du travailleur. Ne dût-on considérer et apprécier *Port-Royal* que sous ce point de vue, je dirais que ce livre mérite de rester comme un modèle de précision incomparable dans les détails, d'inattaquable rigueur dans les assertions. Il n'y a pas une date, un nom propre, un prénom qui n'aient été vérifiés avec l'attention la plus scrupu-leuse. Sainte-Beuve avait le mépris et l'horreur de l'à-peu-près. Il ne consentait à marcher, à s'avancer que sur un terrain ferme, suffisamment déblayé, où l'on vît clair devant soi à une certaine distance, où l'on ne fût pas obligé de s'en rapporter à des théories controversables ou à de nuageuses hypothèses.

De chaque situation, de chaque individu, de

1840. On voit que, pour Sainte-Beuve, cette année fut, dans les di-vers ordres de sentiments et d'idées, réellement climatérique.

chaque doctrine, il voulait tout connaître, tout pénétrer. Ne reculant devant aucune recherche, ne négligeant aucun indice, saisissant, avec une promptitude et une sagacité surprenantes, les rapports, les affinités, les parentés, les filiations, les influences morales et sociales , il donnait la vie à son sujet, non-seulement par la multipli- cité des détails, mais aussi par son habileté réel- lement extraordinaire à les distribuer, à les clas- ser.

On cherchera vainement dans *Port-Royal* un en- droit qui sonne creux, une allégation hasardée, un trait faux ou du moins grossi, exagéré. Je ne con- nais point de livre qui inspire davantage au lec- teur le sentiment de la sécurité. C'est un des ra- res ouvrages de seconde main dont on puisse affir- mer, sans craindre d'en faire un trop grand éloge, qu'ils dispensent de l'étude des documents origi- naux. Tout ce qu'il y avait de suc, de substance et de vie dans les mémoires, dans les relations, dans les correspondances, dans le *Nécrologe*, il l'a sub- tilement et scrupuleusement extrait, n'en laissant point une parcelle. Si vous voulez bien compren- dre et vivement sentir l'immense différence qui sépare l'historien penseur et artiste du compilateur, essayez de lire sur le même sujet les prolixes récits de Besoigne, de Gerberon, de Clémencet, vous n'en pourrez pas venir à bout. Avant la cinquantième page, un invincible ennui vous saisira. La part de l'exécution littéraire, du talent déployé est très-considérable dans *Port-Royal;* et ce que je trouve de singulièrement honorable pour l'écrivain, c'est que ce talent n'est jamais de pur ornement ni, comme on dit, de parade. Il fait corps avec la méthode; il l'épouse et la sert avec une dextérité merveilleuse.

La méthode même de constante analyse individuelle, appliquée pour la première fois dans ce livre avec étendue, avec suite, et dans de très-favorables conditions, a tout d'abord atteint à des résultats qui semblaient de nature à en légitimer, à en conseiller l'emploi. On doit avouer que la matière y prêtait et que pour l'application de ce procédé minutieux, parcellaire, *isolant*, le sujet ne pouvait être mieux choisi, s'offrir disposé plus à souhait. Port-Royal, lieu de réunion ou centre moral d'une foule d'individus distingués, de quelques personnalités éminentes, formait naturellement galerie et appelait un peintre de portraits. Le livre se présente à nous, en effet, comme une collection de physiono-

mies admirablement reproduites et fort ressem-
blantes. Les différences et particularités indivi-
duelles sont marquées avec beaucoup de soin, de
loyauté; mais, comme entre ces divers personnages
il y avait communauté de doctrines, de sentiments,
de vie morale, un air de famille se répand sur le
tout, efface ou adoucit les contrastes, atténue les
contradictions et communique à l'ensemble une
apparence d'unité.

Si, dès cette époque, ainsi qu'il est permis de le
croire, Sainte-Beuve avait déjà conçu l'idée de sa
fameuse botanique des esprits, un tel début, par
les facilités qu'il y rencontrait, était bien propre
à l'encourager, à lui souffler l'audace et la persévé-
rance, mais aussi à l'égarer en lui faisant illusion
sur les conditions ordinaires d'une pareille étude.
Les classifications s'opèrent aisément quand on se
borne à examiner les variétés d'une famille con-
centrées dans la même plate-bande ou, si l'on veut,
dans le même jardin. Il n'en est pas de même
aussitôt qu'on s'aventure dans l'abondante végéta-
tion de la plaine ou parmi les plantes sauvages
de la montagne, avec la ferme résolution de ne
point recourir aux théories générales et de n'employer qu'une méthode fragmentaire. On se con-

damne à d'incessantes descriptions, à de perpétuelles monographies, et l'on demeure impuissant à rattacher les êtres les uns aux autres en vertu des seules analogies extérieures.

En permettant à Sainte-Beuve d'exercer, de satisfaire à loisir sa curiosité insatiable, immense, en l'invitant à mettre en œuvre ses délicates aptitudes, ses infinies ressources de portraitiste, ce sujet de *Port-Royal*, si attirant et si engageant, l'a de plus en plus accoutumé à s'arrêter en critique à la biographie pure et simple. Peut-être le livre lui-même, si exact, si lumineux, si définitif dans les détails, si solide quant aux faits et aux récits, souffre-t-il un peu de ce manque d'unité dans l'esprit de son historien. L'enchaînement dramatique de cette navrante histoire est nettement indiqué, fidèlemement suivi dans la narration de Sainte-Beuve. Chacune des crises décisives est traitée, exposée avec tous les développements nécessaires. Malheureusement trop de parenthèses s'ouvrent, trop de digressions se produisent. On perd de vue le monastère, les religieuses, les solitaires, le jansénisme, Louis XIV lui-même, et l'on finit, qu'on me passe le mot, par flâner délicieusement dans les innombrables sentiers du grand siècle, sans trop

se souvenir du point de départ ni beaucoup se sou-
cier du terme de la route.

Le même défaut se remarque, accompagné d'ailleurs des mêmes qualités incontestables, dans les
Portraits contemporains qui datent de cette époque
(ceux de Daunou, de Fauriel, de Benjamin Constant, etc.). La masse des documents produits, des
renseignements fournis est si considérable, la
multiplicité des échappées et des perspectives est
telle, l'embarras des richesses est si grand, qu'on
se sent à la fois ravi, accablé et désorienté. Le
mieux est d'en prendre bravement son parti, de
camper, de fourrager dans ce délicieux et opulent
fouillis à la Montaigne, d'y faire son butin, d'y gla-
ner sa gerbe. Et, soyez-en sûr, il y a toujours des
épis à ramasser. Les *Portraits contemporains*
comme *Port-Royal* sont de ces livres bourrés, variés, copieux, où l'on peut entrer à toute heure,
par tous les côtés et par tous les bouts, sans jamais
s'y ennuyer et avec la certitude qu'on y trouvera
quelque chose, anecdote ou maxime, épigramme ou
information, à recueillir, à grapiller. On les lit,
comme Sainte-Beuve nous apprend lui-même, dans
un fragment tout récemment publié de son journal
intime, qu'il aimait à lire le livre de la vie :

« J'en suis venu, dit-il dans cette page curieuse, peut-être par excuse secrète pour ma paresse, peut-être par le sentiment plus approfondi du principe que *tout revient au même*, à considérer que, quoi que je fasse ou ne fasse pas, travaillant dans le cabinet à un ouvrage suivi, m'éparpillant aux articles, me dispersant au monde, laissant manger mes heures aux fâcheux, aux nécessiteux, aux rendez-vous, à la rue, n'importe à qui et à quoi, je ne cesse de faire une seule et même chose, de lire un seul et même livre, livre infini, perpétuel, du monde et de la vie, que nul n'achève, que les plus sages déchiffrent à plus de pages; je le lis donc à toutes les pages qui se présentent, à bâtons rompus, au rebours, qu'importe! Je ne cesse de le continuer. Plus la bigarrure est grande et l'interruption fréquente, plus aussi j'avance dans ce livre dans lequel on n'est jamais qu'au milieu; mais le profit, c'est de l'avoir lu ouvert à toutes sortes de lieux différents (1844). »

Comment nier, après cela, l'étroit, l'indissoluble rapport qui existe entre l'homme et l'écrivain? A celui qui vient de nous confesser si naïvement son goût pour l'étude continuelle, mais *à bâtons rompus*, irons-nous demander avec une insistance

maussade des généralisations ambitieuses, des œuvres rigoureusement coordonnées et dans lesquelles l'unité domine? Ce serait donner une éclatante
preuve d'inintelligence. Ajoutons que ce serait aussi
nous montrer ennemis de nos plus délicats plaisirs,
car si nous condamnons cet esprit actif, remuant,
ailé, variable, à porter de lourds fardeaux et à
piétiner sur place dans une immobilité dogmatique
qui répugne à sa nature, nous n'obtiendrons de
lui que des productions languissantes, décolorées,
sans accent et sans saveur; tandis que si nous le
sollicitons dans le sens de son secret et invincible
penchant, si nous le mettons à même de nous faire
profiter de son expérience, de son acquisition
scientifique, de la prodigieuse variété de ses
connaissances, il se répandra en fines causeries et
nous donnera le mot de plus d'une énigme, la clef
de plus d'une porte qui, sans lui, demeurerait obstinément fermée devant nous.

L'inimitable et intarissable causeur qu'il y avait
en Sainte-Beuve se serait-il dégagé et révélé sous
la forme courante, brève, séduisante et presque
unanimement applaudie, qui a fait connaître son
nom, aimer son talent à des milliers de lecteurs, si
le choc passablement brutal des circonstances po-

6

litiques ne l'avait tout à coup transporté de la paisible atmosphère des revues dans le monde affairé,
fiévreux des journaux? On peut en douter. Il
avait pris de douces, de molles habitudes et s'aban-
donnait à la pente de sa fantaisie. Raffinements et
développements, retouches infinies et digressions
interminables le tentaient incessamment ; il n'avait
pas la force de se résister. C'est sans doute à cette
époque qu'un brillant diplomate anglais disait de
lui : « M. Sainte-Beuve n'écrit pas comme on pend
dans mon pays, haut et court. » Plus tard, des
juges tels que MM. Guizot et Littré s'y reportaient
également, lorsqu'ils louaient les premiers articles
du *Constitutionnel*, par ces mots équitables et d'une
sévérité rétrospective : « Ils sont d'autant meilleurs qu'il n'a pas le temps de les gâter. »

Quoi qu'il en soit, vers 1848-1849, personne
n'était mieux préparé que Sainte-Beuve pour venir parler au public de tous les sujets ayant trait
à l'histoire littéraire. Ce qui pouvait déplaire en lui
aux esprits justement exigeants : — son absence
de dogmatisme, son extrême promptitude à s'en-
thousiasmer, sa tranchante façon de se retourner
contre ses anciennes admirations et de les passer par
les verges, l'indifférente curiosité qui le promenait de

Mme du Deffand à Firdousi, et des *Mémoires d'outre tombe* à *Gil-Blas*, — était justement ce qui devait charmer la foule et lui gagner le cœur. Parler littérature tous les huit jours à un public intelligent, mais modérément initié, au milieu d'inquiétudes et d'agitations politiques de toutes sortes ; en parler avec agrément, piquant, nouveauté, sans se fatiguer, se répéter ni se dégoûter, était une gageure que seul, parmi les hommes de lettres de son temps, l'auteur des *Portraits* se trouvait en état de tenir victorieusement.

Je n'ai point besoin de rappeler pour quelles raisons. Les pages qui précèdent n'ont pas eu d'autre but que de nous amener, en nous y préparant et pour que nous fussions exempts de toute surprise, à ce moment décisif de la vie du critique. Avec tout cela, j'en conviens, sans l'occasion pressante, sans la nécessité, cette dure et souveraine accoucheuse, comme a dit un ancien, peut-être Sainte-Beuve aurait-il somnolé indéfiniment dans les délices de l'érudition minutieusement chercheuse, et d'une littérature fort goûtée au faubourg Saint-Honoré. Les événements le jetèrent brusquement dans le fleuve bouillonnant de la publicité militante. Vingt autres, à sa place, s'y seraient noyés ; il s'en tira, fit peau neuve par un énergique effort, et nous eûmes les *Causeries du lundi*.

III

C'est surtout par cette œuvre, poursuivie pendant vingt ans, avec peu de relâches, d'intervalles, et qui compte, je crois, vingt et quelques volumes, que les générations actuelles connaissent Sainte-Beuve. Elles prennent les *Causeries* en bloc comme ouvrage de bibliothèque, sans trop y entendre malice, sans distinguer les époques, les nuances, et en un sens elles ont raison. L'individualité persistante qui s'est traduite et affirmée en dernier lieu, dans une méthode que nous allons exposer et discuter, donne à cette collection assez d'unité, pour qu'à distance surtout, on soit peu sensible aux différences, aux inégalités de ton. Mais nous qui, sans être précisément un Nestor, avons vu cette brillante et utile entreprise commencer, se continuer en jetant des lueurs plus ou moins vives, en courant des fortunes diverses et ne recevant pas toujours du public le même accueil, il nous est bien loisible d'évoquer quelques souvenirs et d'établir quelques distinctions.

Le succès fut d'abord très-vif. Talonné par le Dr Véron qui, avec son instinct, son flair de directeur de journal, savait comment il faut s'y prendre pour exciter, captiver l'attention de la foule, Sainte-Beuve ne s'accorda aucune de ces lenteurs, de ces écoles buissonnières où l'entraînait quelquefois la diversité de ses connaissances et de ses aptitudes. De malicieux articles sur Chateaubriand, sur Béranger, qui contenaient un certain nombre de considérations judicieuses, mais qui avaient le tort d'être empreints de trop d'acrimonie et parfois d'amertume sous la plume d'un admirateur jadis fanatique, furent très-remarqués. Cependant on leur préférait généralement, et non sans raison, des esquisses légères, charmantes, tout à fait enlevées, sur la *Petite Fadette*, sur Hamilton, sur les femmes du xviiie siècle. Il entrait de la magie, de la féerie dans la prestesse et la souplesse avec lesquelles le gracieux, le disert écrivain nous offrait chaque lundi un plat nouveau, nous *servait* en quelque sorte à l'improviste madame d'Epinay ou Bettina d'Arnim, madame du Châtelet ou Sophie d'Houdetot.

6.

Il y eut une éclipse ou du moins une notable diminution de faveur lorsqu'en 1852 le critique entra au *Moniteur universel*. Ce n'était pas qu'on fût fatigué, mais sa manière changeait sensiblement. Il se croyait obligé à plus de tenue, de gravité, à quelque solennité même; il faisait ou voulait faire de la *littérature d'Etat*. Dans la ferveur non amortie de son enthousiasme officiel, il côtoyait l'ennui par crainte de ne pas être à la hauteur de son rôle et des circonstances. La place aussi dont il disposait, les longues colonnes blanches comme des steppes, qu'il avait à remplir chaque semaine, le ramenaient à son ancienne abondance, à ses développements agréables, instructifs, mais difficiles à suivre, et moins intéressants que dans une revue, à cause des interruptions hebdomadaires. Enfin l'intempestif et blessant article des *Regrets*, publié avant son départ du *Constitutionnel*, avait aliéné déjà de Sainte-Beuve une partie de son public, indisposé jusqu'aux indifférents, refroidi et choqué tout le monde. Avec son exquise finesse, il eut bien vite le sentiment de cette diminution de crédit. C'est alors qu'il songea au Collége de France.

Dans la dernière partie de ce travail, spécialement consacrée à sa vie publique, je reviendrai sur cette époque, sur le mauvais accueil que Sainte-Beuve, professeur, reçut des étudiants, auxquels s'étaient probablement mêlés d'anciens et implacables antagonistes littéraires ; je toucherai aussi quelques mots de la partie polémique et agressive des *Lundis*. En ce moment, je me borne à constater qu'après cette tentative manquée, le critique, saisissant de nouveau sa plume, retourna non sans empressement à ses *Causeries*, et que le public fut tout heureux de les lui voir reprendre. Ces entretiens littéraires rompaient agréablement le morne, l'effrayant silence qui a marqué d'un signe distinctif les sombres commencements du second Empire. Dès lors, à l'*Athenæum français*, à la *Revue contemporaine*, au *Moniteur*, au *Constitutionnel*, puis encore au *Moniteur* et, tout à la fin, au *Temps*, Sainte-Beuve n'a guère cessé, même pendant ses quatre années de professorat à l'école normale (1858-1862), de tenir à jour, de diversifier et renouveler cet autre cours assidûment suivi par un nombreux auditoire. Son public définitif lui était acquis, l'accompagnait dans ses pérégrinations et ne devait plus l'abandonner.

A partir de 1857, les articles sur MM. Gustave

Flaubert, Feydeau, Taine, Scherer, Renan signalèrent de sa part un redoublement d'activité et comme une reprise de possession en tant que critique jugeur et justicier. Il fut des premiers à saluer un mouvement intellectuel à la renaissance duquel il n'était pas étranger. On put voir clairement alors de quel côté, dans la mêlée littéraire qui recommençait, seraient ses sympathies et ses attaches. Le réalisme dans son expression forte et crue, le vitalisme avec son appareil scientifique, l'émancipation religieuse sous la forme du dilettantisme, trouvaient en lui un conseiller bienveillant, un arbitre attentif, un habile auxiliaire. A coup sûr, il était difficile d'être plus loin de l'Abbaye-au-Bois, de l'abbé Carron, de Hamon, de Singlin, de Du Guet. En revanche, Sainte-Beuve revenait par certains côtés à son point de départ et renouait avec les doctrines de Joseph Delorme, avec quelques-unes des vues exprimées dans la collaboration au *Globe*. Plus il avançait dans cette voie, plus il se sentait en communion avec l'opinion en train de s'émanciper et porté par elle. Ses derniers articles au *Temps*, son équitable et beau travail sur Proudhon, publié dans la *Revue contemporaine*, montrent dans quelle direction s'engageait vaillamment cet esprit alerte, sagace, toujours ouvert, toujours éducable.

Cette analyse, où j'aurais pu m'étendre et spécifier davantage, suffit telle qu'elle est pour faire voir que dans les *Causeries du lundi*, comme dans le reste de l'œuvre de Sainte-Beuve, il y a eu des phases diverses, des alternatives de progrès et de stagnation, d'hésitation et d'audace, et que si le monument, considéré de loin et dans son achèvement, présente un satisfaisant ensemble, il est entré dans cette construction bien des pierres de provenance et de couleur différentes. C'est ce que ne peuvent oublier, ce que doivent dire une fois pour toutes ceux qui ont vu s'élever, se superposer les étages de l'édifice. Cela n'empêche pas, je le répète, qu'un secret procédé ou un persistant instinct n'ait présidé à l'économie de cette construction, n'en ait réglé et discipliné les détails. En se plaçant à ce point de vue, on trouve dans les *Causeries* une certaine unité ; on y peut reconnaître des intentions et des velléités de méthode, résultat nécessaire et tardivement conscient du jeu d'une individualité éminente.

Il y a quelques années, Sainte-Beuve, piqué par je ne sais quel contradicteur, s'est mis à raisonner ses procédés instinctifs. Il a voulu en déduire les éléments d'une méthode identique, ou peu s'en faut, à celle qu'on emploie dans les sciences naturelles. Il a dépensé beaucoup d'esprit, de talent, pour soutenir et développer cette prétention. C'est une bonne fortune pour nous que ce Protée, qui s'est dissimulé sous tant de déguisements, qui a eu tant d'incarnations, ait tenu expressément à se montrer un jour sous sa forme absolument individuelle et, selon lui, essentielle. En agissant ainsi, l'illustre critique a resserré le champ de l'enquête et fixé le terrain de la discussion. Sa méthode est condensée, formulée, construite de toutes pièces ; elle attend et provoque l'examen, la controverse. Il est temps d'y venir.

C'est en 1862, et dans un article sur le caractère intime de Chateaubriand, apprécié par Joubert, que Sainte-Beuve, ouvrant une parenthèse au moment le plus inattendu, déclara de la façon la plus nette qu'il allait exposer quelques-uns des principes, quelques-unes des habitudes de méthode qui le dirigeaient depuis des années dans ses études sur les personnages littéraires. Et ne trouvez-vous pas qu'à elle seule, cette manière de procéder est déjà un signe révélateur, caractéristique? Sainte-Beuve est si peu doctrinaire, que lorsque par grand hasard il dogmatise, c'est sous forme incidente, par échappée, par boutade et parce qu'il rencontre une bonne, une convenable occasion de s'expliquer. Ecoutez plutôt son début ! Voyez comme il est ému, comme il plaide avec feu, *pro domo sua !*

« J'ai souvent, dit-il, entendu reprocher à la critique moderne, à la mienne en particulier, de n'avoir point de théorie, d'être tout historique, tout individuelle. Ceux qui me traitent avec le plus de faveur ont bien voulu dire que j'étais un assez bon juge, mais qui n'avait pas de Code. J'ai une méthode pourtant, et quoiqu'elle n'ait point préexisté et ne se soit point produite d'abord à l'état de théorie, elle s'est formée chez moi de la pratique même, et une longue suite d'applications n'a fait que la confirmer à mes yeux. »

« Eh bien ! c'est cette méthode, ou plutôt cette pratique, qui m'a été de bonne heure comme naturelle et que j'ai instinctivement trouvée dès mes premiers essais de critique, que je n'ai cessé de suivre et de varier selon les sujets durant des années; dont je n'ai jamais songé, d'ailleurs, à faire un secret ni une découverte ; qui se rapporte sans doute par quelques points à la méthode de M. Taine, mais qui en diffère à d'autres égards; qui a été constamment méconnue dans mes écrits par des contradicteurs qui me traitaient comme le plus sceptique et le plus indécis des critiques, et en simple amuseur; que jamais ni les Génin ni les Rigault, ni aucun de ceux qui me faisaient l'honneur de me sacrifier à M. Villemain et aux autres maîtres antérieurs, n'ont daigné soupçonner; c'est cet ensemble d'observations et de directions positives que je vais tâcher d'indiquer brièvement. Il vient un moment dans la vie où il faut éviter autant que possible aux autres l'embarras de tâtonner à notre sujet, et où c'est l'heure ou jamais de se développer tout entier. »

Suit un long chapitre. Je ne puis le transcrire. Il faut que l'on me permette de l'analyser et de le résumer. L'entrée en matière est insinuante et en apparence d'une innocuité sans seconde. L'auteur énonce si modestement sa proposition initiale, qu'on n'en sent pas d'abord toute la gravité.

« La littérature, la production littéraire n'est point pour moi distincte ou du moins séparable du reste de l'homme et de l'organisation; je puis goûter une œuvre, mais il m'est difficile de la juger indépendamment de la connaissance de l'homme même ; et je dirais volontiers : tel arbre, tel fruit. L'étude littéraire me mène ainsi tout naturellement à l'étude morale. »

Cette rigoureuse équation entre l'homme et le talent se fonde-t-elle sur l'expérience ? Est-elle confirmée par l'observation quotidienne ? Pour ma part, je n'hésite pas à répondre *non*. C'est bien plutôt le contraire qui est vrai. Très-souvent le talent va d'un côté, l'homme va de l'autre. Tel philosophe vit en ascète et écrit en matérialiste. Tel écrivain spiritualiste, en revanche, mène la vie d'un épicurien. Souvent le talent vaut mieux que l'homme ; parfois l'homme console et dédommage de sa littérature. L'écart, la disproportion, la contradiction sont la règle ; l'accord est l'exception.

Je ne fais pas ici d'humour, Dieu m'en garde ! et très-sérieusement, m'appuyant sur mon expérience personnelle, si j'avais à m'adresser aux jeunes critiques, aux futurs historiens littéraires, je dirais, tout au rebours de l'opinion émise par Sainte-Beuve : Cherchez à connaître les écrivains de talent et de génie dans leurs livres et non dans

l'intimité, sur le papier, non dans leur salle à
manger ou leur alcôve. Ce qu'il y a de durable,
de solide, de vraiment et largement humain en
eux, c'est justement cette splendide faculté de parler à tous et de s'en faire comprendre. Le reste :
mœurs, habitudes, caractère, est souvent incon-
sistant, vulgaire, fragile ; dans tous les cas, destiné
à périr, à être oublié, tandis que l'œuvre subsiste
et traverse les siècles. Tant mieux si le caractère
est à la hauteur du talent, tant pis s'il est au dessous ; mais qu'en aucune façon cela n'influe sur
votre jugement littéraire.

Bernardin de Saint-Pierre était hypocondriaque
et avare ; Mirabeau n'était pas inaccessible à la
corruption ; Benjamin Constant était joueur et
libertin. Cela empêche-t-il *Paul et Virginie* d'être
un livre d'une pureté céleste ? Cela enlève-t-il quelque force ou quelque lumière aux judicieuses dissertations de Constant, aux admirables discours
de Mirabeau ? Ne serait-ce pas une dureté bien
gratuite, une barbarie insigne, quand l'homme
déploie son énergie pour s'élever au-dessus de lui-
même, de ne pas tenir compte d'une exaltation
noble entre toutes, et, par amour mal entendu du
vrai, de descendre obstinément dans les obscurités

et les petitesses de son âme, juste à l'heure où il la
purifie et la clarifie ?

Mais peut-être j'interprète mal la pensée de
Sainte-Beuve. Sa remarque ne porte, me dira-t-
on, que sur l'étroite relation qui existe entre le
tempérament et le talent. Alors pourquoi ces mots,
étude morale, qui terminent le paragraphe? Je ne
les trouve pas justifiés. S'il s'agit de tempérament,
parlez-moi physiologie. Probablement nous ne
serons pas plus d'accord que tout à l'heure; au
moins nous ne discuterons pas dans les ténèbres.
Mais, pour Dieu ! laissez la morale tranquille ;
elle n'a rien à voir où n'est point le libre arbitre.

A mesure, en effet, que j'avance dans le chapitre en question, je trouve nombre d'indications
et de recommandations physiologiques, excellentes
en elles-mêmes, sauf une ou deux, et très-propres,
je l'admets sans peine, à nous faire pénétrer fort
avant dans la connaissance des individus. Ainsi,
lorsque Sainte-Beuve engage le critique à prendre
l'écrivain supérieur ou distingué dans son pays
natal, dans sa race; lorsqu'il dit que cet homme
supérieur, on le reconnaît, on le retrouve à coup
sûr, au moins en partie, dans ses parents, dans sa

mère surtout, cette parente la plus directe et la
plus certaine, dans ses sœurs aussi, dans ses frè-
res, dans ses enfants mêmes, il a raison, il voit juste
et nous guide à merveille. Les exemples qu'il cite
à l'appui de sa thèse, habilement choisis, ingénieusement développés, sont concluants, presque sur
tous les points.

Cela n'a rien qui doive étonner. Sainte-Beuve
est là sur son terrain. Il a constamment employé
son talent, consumé sa vie à connaître et à décrire
les individus. Passé maître dans ce difficile exercice,
il nous met de bonne grâce au courant de ses
moyens d'investigation. C'est pur profit pour
nous, et dans cet ordre de recherches, nous devons
écouter avec attention, avec déférence, ce qu'il
nous conseille. Mais dans tout cela je n'aperçois
pas la moindre méthode de critique, je ne découvre rien de ce qui constitue ou de ce qui caractérise la science morale. Critiquer, ce n'est pas
seulement observer, constater, c'est aussi juger,
prononcer, avoir un avis, se dire d'abord : ceci est
bien, ceci est mal, puis le dire aux autres. De
même l'idée de science est inséparable de l'idée de
généralisation. Des faits isolés, fussent-ils étudiés
avec le soin le plus rigoureux et en aussi grande

quantité qu'on voudra, sont matière à science, mais ne sauraient en constituer une.

Il est vrai que Sainte-Beuve, qui n'était pas sans soupçonner les côtés faibles de son argumentation, a pris ses précautions et posé ses réserves avec beaucoup de prudence. Pour son compte, il le déclare en toute humilité, il a fait de simples monographies, amassé des observations de détail ; mais il « entrevoit des liens, des rapports, et un esprit plus étendu, plus lumineux et resté fin dans le détail, pourra découvrir un jour les grandes divisions naturelles qui répondent aux familles d'esprits. » Selon lui, la science du moraliste en est aujourd'hui au point où la botanique en était avant Jussieu, et l'anatomie comparée avant Cuvier, à l'état pour ainsi dire anecdotique ; mais il imagine qu'avec le temps on finira par la constituer plus largement.

Ces restrictions, ces formes dubitatives ne changent rien au fond des choses. Il est clair qu'en admettant qu'elle ne donne pas à présent tous les résultats désirables et qu'elle contient virtuellement, Sainte-Beuve a confiance dans sa méthode. Tôt ou tard, d'après son pronostic, l'avenir lui appartiendra. Elle n'est pas encore la science, mais elle en est la base et le germe. Qu'il en convienne ou non, il attache à l'emploi de cette méthode une valeur scientifique. Cette prétention se heurte contre un écueil infranchissable : l'impossibilité de généraliser.

De plus, en supposant que par le procédé d'investigation naturelle on parvînt à faire rentrer dans les faits de physiologie pure les phénomènes que l'on a rangés jusqu'à présent dans l'ordre psychologique, on n'en serait pas plus avancé pour cela au point de vue de la science morale. Elle serait en ce cas plus près d'être supprimée que constituée, car les actes intellectuels étant considérés comme la conséquence de forces aveugles et fatales, il n'y aurait plus lieu à s'occuper de ce qu'on appelle « moralité. » La critique proprement dite périrait du même coup. A quoi bon des experts, des juges, quand il n'y a ni bien ni mal, ni beau ni laid ?

Ne tardons pas davantage à poser l'objection capitale. Ce qui empêche et empêchera toujours de créer, d'organiser une histoire naturelle des esprits, ce qui rend fausses les comparaisons, les assimilations indirectes avec la botanique et l'anatomie comparée, c'est cet élément insaisissable, indisci-

plinable qui déjoue tous les calculs et se rit des formules, — le libre arbitre. Sainte-Beuve est contraint d'en faire l'aveu. Il s'y résigne loyalement,
non toutefois sans essayer de réduire et de tourner
la difficulté. « Pour l'homme, sans doute, dit-il,
n ne pourra jamais faire exactement comme pour
les animaux ou pour les plantes : l'homme moral
est plus complexe, il a ce qu'on nomme *liberté* et
qui, dans tous les cas, suppose une grande mobilité de combinaisons possibles. » La fin de cette
phrase est embrouillée, et *dans tous les cas* a l'air
passablement insidieux. *Combinaisons* est un mot
qui appartient au dictionnaire de la science, au
vocabulaire du fatalisme, mais qui ne trouve guère
sa place dans le langage d'une philosophie libérale.
L'individualité maîtresse d'elle-même se révèle
par des actes, des décisions, des manifestations,
non par des combinaisons : elle les laisse à la chi-
mie.

Mais ne chicanons pas sur les termes. Telle
qu'elle est, la déclaration de l'éminent écrivain
nous suffit. Il le reconnaît avec autant de franchise
que de contrariété, les fatalités physiques ne sont
pas tout dans l'homme. Le tempérament seul ne
fait pas le talent; une autre force s'y joint, évi-

dente dans ses effets, mystérieuse dans sa source. Sur cette force portent la discussion, le jugement. Sans cela, pourquoi prendrait-on une peine aussi stérile qu'elle serait absurde ? A-t-on jamais reproché à un reptile son venin ? Se fâche-t-on contre la pierre qu'on heurte et qui vous blesse ? Blâme-t-on un pommier de ne point donner des prunes, ou un figuier de n'être point chargé d'oranges ? Agirait-on autrement avec le talent, s'il était réellement la résultante, l'effet immédiat et fatal des énergies naturelles ?

Nous voyons que, dans la pratique et la réalité, on n'a pas cette indulgence, cette indifférence. Qu'aurait dit Sainte-Beuve, qui s'est mis si souvent en colère contre Balzac et Vigny, qui a si vertement, si rudement tancé MM. Veuillot, de Laprade, de Pontmartin, si ses adversaires, pénétrant ses tendances et lui empruntant ses théories, avaient répondu : « Que voulez-vous, nous sommes ainsi faits? Notre littérature est l'expression de notre tempérament. A ce titre, d'après votre propre formule, elle est absolument légitime. Elle agace vos nerfs, elle échauffe votre bile ; nous n'y pouvons rien. Ce que nous sommes, nous le sommes par droit de nature. Vous êtes maître de jeter nos livres au rebut, mais non pas de les juger ni de les condamner. » Il aurait eu mauvaise grâce à se plaindre de la riposte.

« Je suis bien loin de blâmer et d'exclure les jugements de goût, les impressions immédiates et vives ; je ne renonce pas à Quintilien, je le circonscris, » dit finement le critique. Par Quintilien, il entend l'esthétique appliquée, les raisonneurs, les esprits tranchants et résolus qui, après avoir pesé, balancé le pour et le contre, rendent à haute voix un arrêt motivé. A cela, je ne vois qu'un inconvénient ; c'est que, pour circonscrire Quintilien, il faut se placer sur son terrain, adopter son principe ; or, ce principe est intolérant et exclusif, comme toutes les vérités. Il n'admet ni la limitation ni le partage. Ainsi, pas de compromis possible entre le goût qui exerce librement son choix, inflige des blâmes, décerne des récompenses, et la méthode naturelle qui constate, enregistre et collectionne. Il en est du trop de tolérance dans le goût comme du trop de largeur dans la conscience et du trop d'étendue dans l'esprit. Cela mène droit à l'indifférence et à la paralysie. Pour rendre des services et rester une fonction, la faculté critique exige une étroitesse virile.

7.

Jetons un coup d'œil sur les étapes que Sainte-Beuve a parcourues. Rappelons-nous, tout au début, en 1829, la critique assimilée à une transparente rivière, mobile et complaisant miroir; en 1835, la profonde admiration pour les indigestes lectures et les incohérentes approbations de Bayle; en 1844, la secrète pensée, *tout revient au même,* consignée dans une page de journal intime; nous arrivons ainsi, sans secousse, par un développement normal et ininterrompu, aux théories de 1862 sur l'histoire naturelle des esprits et la classification des talents d'après les tempéraments. Avec ce fil d'Ariane, nous pouvons circuler tranquillement dans les replis, dans les détours de cet ondoyant et vaste esprit, sinueux comme un labyrinthe; nous n'avons pas à craindre de nous y égarer.

Incompatible avec l'exercice de la critique, parce que dans sa manière de concevoir et de pratiquer l'observation, elle n'atteint qu'une partie de l'homme, la méthode physiologique l'exposerait aux plus graves erreurs si demain elle réussissait à la diriger. Qui le croirait? Cette méthode, uniquement fondée, d'après son propre témoignage, sur la sincérité, la précision de l'expérience, subit des conceptions *a priori* dont le voile épais s'étend entre elle et la réalité. Par exemple, comme il est d'éternelle notoriété que l'âge mûr succède à la jeunesse et qu'un vieillard est moins robuste qu'un homme de trente ans, le critique physiologiste qui conclut du visible à l'invisible, du corps à l'esprit, est amené à prétendre « qu'il vient toujours un moment où l'âge qu'on a au dedans se trahit au dehors. » A son avis et d'après son assertion, le cours d'une existence normale, au lieu d'épurer, de fortifier, de perfectionner le talent, le déforme et le corrompt.

« Dans la plupart des vies littéraires qui nous sont soumises, écrit Sainte-Beuve sans la moindre hésitation, il est un moment où la maturité qu'on espérait est manquée, ou bien, si elle est atteinte, est dépassée, et où l'excès même de la qualité devient le défaut ; où les uns se roidissent et se dessèchent, les autres se lâchent et s'abandonnent, les autres s'endurcissent, s'alourdissent, quelques-uns s'aigrissent ; où le sourire devient une ride... On a vu par exception des esprits, des talents, longtemps incomplets ou épars, paraître valoir mieux dans leur vieillesse et n'avoir jamais été plus à leur avantage : ainsi cet aimable Voltaire

suisse, Bonstetten, ainsi ce quart d'homme de génie, Ducis. Ces exemples ne font pas loi. »

C'est vraiment pousser trop loin la fidélité à la
théorie médicale et ne pas tenir suffisamment
compte des faits moraux. Comment le plus exact
et le mieux informé des historiens littéraires a-t-il
pu oublier tant de vieillesses actives, fécondes, tant
de talents qui n'ont produit leurs fruits savoureux,
révélé leur vraie puissance, leur vraie grandeur,
que vers la seconde moitié de leur vie, vers cette
époque où il nous montre l'écrivain déjà gâté, af-
faissé, au-dessous de lui-même ? Jean-Jacques
Rousseau, La Fontaine, n'ont donné leur mesure
que passé quarante ans. Bossuet, Voltaire, Gœthe,
ont rayonné dans leur vieillesse. Et parmi nos
contemporains, combien par leur accroissement
ininterrompu démentent cette loi, s'inscrivent en
faux contre elle ! Jamais la production de Michelet,
de George Sand, de Hugo, n'a été plus riche, plus
facile, plus haute, plus chaudement colorée !

Sainte-Beuve lui-même pouvait-il se dissimuler
qu'il était une éclatante exception à sa propre règle ?
« Quinze ans d'ordinaire, dit-il, font une carrière. »
A ce compte, la sienne eût été terminée en 1845,
au milieu de *Port-Royal*, avant le *Virgile*, le *Cha-*

teaubriand, le *Proudhon*, avant son œuvre la plus
populaire, son monument définitif, les *Causeries
du lundi*. Succombait-il sous l'âge et la maladie,
quand il écrivait au *Temps* ses beaux articles sur
Jomini, quand il prononçait ses fermes et généreux discours au Sénat, quand il s'inquiétait, se
préoccupait chaque jour de l'état des jeunes esprits,
des épreuves et des traverses de la libre pensée,
de l'avenir politique et social? Ses dernières années ont été l'involontaire et très-éloquente réfu-
tation de sa théorie. Il est mort en plein développement, en plein progrès, en pleine ascension.

A la vérité ses paroles subsistent, et les partisans de sa doctrine auront toujours le droit d'en
user avec lui comme il en usait tout à l'heure avec
les autres, c'est-à-dire de le ranger parmi les ex-
ceptions. Aussi, non content d'avoir fait appel aux
illustres exemples qui tout d'abord sont tombés
dans ma mémoire, et d'avoir mis ses actes en une
bien honorable contradiction avec sa philosophie,
je veux opposer à son témoignage des déclarations
formelles, invoquer l'autorité de quelques-uns des
maîtres de la vie morale, dont les cheveux ont pu
blanchir sans que leur âme connût la fatigue ni le
découragement. — On demandait devant Channing

à quel âge il fallait placer la période la plus heureuse de la vie ; il sourit et répondit que c'était à *environ soixante ans*. Il avait cet âge alors.

« La vie, disait-il, me paraît un don qui acquiert chaque jour une plus grande valeur. Je n'ai pas trouvé que ce fût une coupe écumeuse et pétillante à la surface, mais devenant insipide à mesure qu'on l'épuise. En vérité, je déteste cette comparaison surannée... La vie est une bénédiction pour nous. Si je pouvais voir les autres aussi heureux que je le suis moi-même, quel monde serait le nôtre ! Mais ce monde est bon, malgré l'obscurité qui l'entoure. Plus je vis, plus je vois la lumière percer à travers les nuages. Je suis sûr que le soleil est au-dessus. »

Dans le nouveau livre de M. Michelet, *Nos fils*, je trouve une page admirable qui, avec la verve du Gaulois accoutumé à braver, à dédaigner le néant, exprime le même sentiment, en le creusant et l'accentuant davantage :

« Celui qui se concentre et ramasse sa force, qui suit de près sa voie, qui ne s'est pas jeté aux quatre vents, et qui a profité du monde sans se donner à lui, celui-là dit au temps, sans colère, avec dignité :

« Tu m'uses, mais de cette usure même je sais
« tirer parti, augmenter mon savoir pratique, croî-
« tre d'expérience et souvent de facilité.

« Tu m'uses et tu me limes au bord. Cela n'em-
« pêche pas que, dans certaine enceinte où tu n'ar-
« rives point, je ne sente qu'en perdant l'on gagne,
« atteignant dans l'idée telle sphère inaccessible
« aux essais du jeune âge, même à l'âge moyen,
« trop absorbé encore au combat de la vie.

« Je dis encore au temps : « Que tu le veuilles
« ou non, moqueur, respecte-moi ; car avec ces an-
« nées où tu veux qu'on descende, je vais bâtir l'é-
« chelle des degrés ascendants, des puissances plus
« hautes que je sais me créer. Le mort couron-
« nera. Cela n'y gâte rien. »

Est-il possible d'admirer, d'accepter en grande
partie l'œuvre de Sainte-Beuve et de blâmer, de
condamner la méthode qu'il a employée? N'y a-t-
il pas là une choquante contradiction? Entre l'œuvre et la méthode il existe un rapport nécessaire.
Comment se dérober à cette inévitable conséquence? — Ces questions sont légitimes : j'y vais
répondre.

D'abord, je suis loin de condamner d'une manière absolue et en elle-même la méthode d'obser-

vation de Sainte-Beuve. Je la définis, je la caractérise, et, pour me servir d'une expression du maître, je la circonscris : voilà tout. « Connaître et bien connaître un homme de plus, a-t-il dit, surtout si cet homme est un individu marquant et célèbre, c'est une grande chose et qui ne saurait être à dédaigner. » C'est tout à fait mon sentiment, et je suis de ceux qui pensent que, dans l'accomplissement de cette tâche éminemment utile, personne n'a égalé l'auteur des *Causeries du Lundi*. Il est, jusqu'à présent, le plus ingénieux, le plus consciencieux, le plus satisfaisant de nos explorateurs littéraires. Quiconque désormais voudra s'occuper de l'histoire de notre littérature rencontrera l'œuvre de Sainte-Beuve, et sera dans la nécessité d'y recourir fréquemment. Par l'immense quantité de matériaux qu'il a su amasser, il s'est rendu indispensable. C'est là son vrai titre, son lot devant la postérité ; ce sera sa gloire. Sa méthode a été en parfait rapport avec l'œuvre accomplie, et, à ce point de vue, je la considère comme excellente, comme inattaquable. Je ne récuse son autorité, je ne lui barre le chemin que lorsqu'elle déserte le champ de l'observation individuelle pour s'appliquer à la critique ou faire invasion dans la science morale. Là, je me permets de l'arrêter, trouvant ses prétentions mal fondées et regardant son intrusion comme dangereuse.

Je me méfie des imitateurs et des disciples. Voilà pourquoi, dès à présent, je fais mes réserves, pourquoi je les pousse aussi loin que possible. Sans doute, en face de la critique niaisement traditionnelle et sèchement dogmatique, qui traite les écrivains tantôt comme des écoliers, tantôt comme de purs esprits, il était bon, il était nécessaire que l'on complétât les éléments d'appréciation. La sensation jouant son rôle dans l'individu à côté du sentiment et de l'intelligence, on a bien fait de la rétablir à sa place, de lui rendre littérairement son rang dans l'économie humaine. De même l'introduction, la description, l'analyse d'une foule de personnalités intéressantes, les unes inconnues, les autres incomplétement étudiées jusqu'alors, en renouvelant les types, en déplaçant et rafraîchissant le sentiment de l'admiration, ont forcé les plus timorés et les plus rigides, parmi les censeurs, à s'occuper un peu plus de l'originalité individuelle et un peu moins des règles abstraites. Tout cela, je n'y saurais trop insister, est excellent, et l'honneur de cette initiative revient assurément à

Sainte-Beuve. Il importe qu'en ce sens et dans cette mesure sa méthode soit respectée, ses travaux repris, poursuivis. Mais gare aux fanatiques, aux enthousiastes et surtout aux maladroits! Si l'on n'y prend garde, si l'on ne maintient la distinction que j'indique, réalistes, matérialistes, dilettantes fausseront à chaque instant la méthode en lui demandant ce qu'elle ne doit ni ne peut donner. Sainte-Beuve sentait bien les difficultés de la tâche à remplir, les périls et les excès possibles, quand il terminait l'exposé de ses vues et de ses principes en écrivant :

« Même quand la science des esprits serait organisée comme on peut de loin le concevoir, elle serait toujours si délicate et si mobile qu'elle n'existerait que pour ceux qui ont une vocation naturelle et un talent d'observer : ce serait toujours un *art* qui demanderait un artiste habile, comme la médecine exige le tact médical dans celui qui l'exerce, comme la philosophie devrait exiger le tact philosophique chez ceux qui se prétendent philosophes, comme la poésie ne veut être touchée que par un poëte. »

La délicatesse du tact, maîtresse qualité du critique, Sainte-Beuve la possédait au suprême degré.

Cela lui permettait de parer aux inconvénients de sa méthode, d'en atténuer et d'en sauver les conséquences. Cette qualité ne sera pas moins nécessaire à ceux qui entreprendront de marcher dans la route qu'il a ouverte et de continuer son œuvre. Si elle venait à leur faire défaut, ils ne parviendraient, avec la meilleure volonté du monde, qu'à tout compromettre et à tout brouiller.

TROISIÈME PARTIE

L'HOMME PUBLIC

IV

Sainte-Beuve n'a été que bien tard, et pendant bien peu de temps, ce qu'on peut appeler, au sens littéral, un homme public ; mais je ne crains pas d'étendre la signification de ces mots. Est-ce qu'on n'a point droit à cette qualification, lorsque, par son exemple, ses enseignements de toutes sortes, l'étendue et l'activité de ses relations, beaucoup plus que dans l'étroite sphère des fonctions purement officielles, on agit sur la foule, tantôt l'attirant, tantôt la blessant, soulevant aujourd'hui des contradictions violentes, excitant demain des sympathies passionnées? N'est-on pas enfin l'homme du public, quand on a travaillé pour lui toute la vie, qu'on est parvenu à s'en faire connaître, et que l'on a été assez heureux, assez fort pour ne pas cesser un seul instant d'être en communication avec lui?

Je ne pouvais, le jour des funérailles, en voyant plusieurs milliers de personnes réunies autour de l'humble maison dans une pensée de regret respectueux, de deuil intellectuel et littéraire, m'empêcher de penser à une autre journée, celle du 9 mars 1855, où Sainte-Beuve, succombant sous les clameurs, sous les menaces de ses adversaires politiques et de ses ennemis littéraires, avait dû renoncer à se faire entendre dans la chaire de poésie latine au collége de France. Sans doute, comme on l'a souvent répété, quatorze ans sont un long espace dans une existence aussi courte que celle de l'homme ; en quatorze ans les colères ont le temps de se calmer, les haines de s'émousser; cependant, le changement dont j'étais témoin, et qui avait déjà commencé à s'opérer trois ou quatre ans avant la mort du célèbre critique, était trop considérable, trop radical, pour ne pas appeler la méditation.

Pourquoi la foule avait-elle si mal accueilli Sainte-Beuve au début de sa carrière publique? pourquoi, depuis quelque temps, était-elle revenue vers lui? pourquoi honorait-elle de son concours, de son approbation, un dernier acte de volonté, de virilité (car cette inhumation civile était un acte), et décernait-elle à l'écrivain, jadis si âprement combattu, cette large, cette durable absolution populaire dont plus d'une mémoire fameuse a dû se passer? Ces questions valent la peine d'être agitées à fond, examinées de près. Leur solution est peut-être de nature à jeter quelque lumière sur l'histoire morale de notre époque.

Dans la popularité comme dans l'impopularité d'un homme, entrent des éléments étrangement divers, qui veulent être démêlés et pesés soigneusement, qui exigent le plus rigoureux triage. Les personnages publics ne sont pas toujours applaudis pour ce qu'ils font de mieux, ni sifflés pour ce qu'ils font de pire, et la passion générale, quand elle se manifeste avec impétuosité à leur égard, en quelque sens que ce soit, ne doit pas apparaître aux esprits réfléchis et fermes avec ce caractère d'infaillibilité souveraine qu'on lui attribue trop volontiers. Nous ne sommes pas de ceux qui disent impertinemment comme Chamfort : « Combien faut-il de sots pour faire un public? » mais nous nous sommes plus d'une fois demandé : combien entre-t-il de passions particulières dans ce sentiment, si difficile à définir et à contrôler, qu'on nomme l'approbation ou la réprobation générale? On ne sera donc pas surpris si, dans la dernière partie de cette étude, je cherche aussi souvent la cause, je discute aussi sérieusement la légitimité des fluctuations de l'opinion que le mobile des résolutions, la raison déterminante de la conduite de Sainte-Beuve. La galerie était dans son droit en distribuant le blâme et l'éloge : c'est un fait certain ; mais les reproches et les bravos se sont-ils toujours produits avec opportunité, avec justesse? partaient-ils constamment d'une source bien haute et bien pure? l'équité scrupuleuse peut-elle s'accommoder de décisions peu mesurées et qui se sont fréquemment démenties? C'est ce qui nous reste à voir.

Si Sainte-Beuve, au lieu d'aborder la chaire de poésie latine en 1855, y fût monté en 1847, l'accueil eût peut-être été moins orageux, mais il n'aurait pas été moins hostile. La vivacité de la passion politique, du moins en ce qui le touchait person-

nellement, ne se fût pas manifestée avec autant
d'énergie, ne pouvant, comme elle le fit plus tard,
invoquer de trop sérieux griefs. En revanche, les
rancunes littéraires, les haines d'auteurs passés
sous silence, contestés, discutés ou condamnés, se
seraient donné pleine carrière. On n'a pas été critique pendant vingt ans, on n'a pas eu affaire aux
amours-propres les plus irritables, les plus exigeants, les plus maladivement raffinés, sans s'être
fait une légion d'ennemis.

Ils ne se connaissent pas tous, mais ils sont unis
dans un même esprit de ressentiment, dans un
même désir de représailles, désir que des flots
d'encre dépensés en polémique, et les récriminations les plus amères répandues à profusion, ne
satisfont qu'imparfaitement. Que le critique se pro-
duise au grand jour, qu'on sache qu'à telle heure,
en un lieu déterminé, il paraîtra devant le public,
et les probabilités seront grandes en faveur d'une
cabale, d'une protestation aigre, tumultueuse. Je
ne prétends pas, bien entendu, poser une règle
sans exception; les exemples, toutefois, ne me
manqueraient pas, s'il était nécessaire de justifier
ce que j'avance.

Pour demeurer dans notre sujet, il est certain

que dans le monde littéraire le mauvais vouloir contre Sainte-Beuve, croissant d'année en année, était déjà, vers 1847, arrivé à un degré d'exaspération qui ne demandait qu'à se faire jour et à s'exhaler par une explosion violente. Ce serait accorder trop d'importance aux articles enfiellés, aux diatribes sarcastiques et outrageantes qu'on écrivit sur son compte de 1840 à 1848, que de les rappeler ici. Il est, cependant, une de ces attaques enragées à laquelle on a fait une certaine célébrité, dont on rencontre à chaque instant les bribes dans quelque coin de journal, et que nous apprécierons à sa juste valeur, puisqu'elle se rencontre sur notre chemin. On aurait peine d'ailleurs à trouver un document plus propre à faire sentir ce qu'il y a de petitesse et d'acuité méchante dans les haines littéraires, que l'article publié par Balzac, dans la *Revue parisienne*, sur le premier volume de *Port-Royal.*

Les plaisanteries plus ou moins spirituelles, les épigrammes plus ou moins mordantes que contenait cet article, ont été relevées avec soin, colportées avec religion par les ennemis du critique; elles traînent partout; et si, dans leur nouveauté, elles ont eu quelque sel, il est aujourd'hui complétement, définitivement évaporé. Quant au simulacre d'appréciation et de discussion auquel s'est essayé Balzac, rien n'est plus médiocre, plus faible, plus misérablement puéril. Une ignorance prodigieuse, rendue plus éclatante et plus ridicule encore par d'immenses prétentions à la science, s'y étale avec une naïveté grotesque. Assurément, on n'est pas forcé de savoir l'histoire de Port-Royal; on peut être un fort galant homme, et même un homme solidement instruit, sans être obligé de connaître par le menu la biographie de M. Hamon ou de la mère Angélique-de-Saint-Jean; mais il n'est que sage, il est surtout de la plus élémentaire délicatesse, quand on ne sait pas le premier mot d'un sujet, d'une question, de garder le silence qui convient à l'incompétence absolue, et de ne point prendre la plume pour insulter, dénigrer, railler à contre-sens et hors de saison quelqu'un qui a étudié pendant dix ans ce qui n'a pas fixé votre attention pendant une demi-heure.

Du reste, ce n'est pas seulement sur cette matière restreinte et nettement délimitée de Port-Royal que Balzac, dans cet article qui restera fâcheux, honteux pour lui, s'est fourvoyé avec une étourderie, une présomption et, je le répète, une ignorance incroyables. S'il est permis de ne pas

être au courant des faits et gestes de la secte janséniste, il devrait être défendu, surtout à un écrivain qui s'est toujours présenté comme étant une
encyclopédie vivante, d'accumuler en deux ou trois
pages tant d'erreurs grossières, d'assertions gratuites et de théories baroques sur l'histoire de
France. Balzac a voulu faire rire aux dépens de
Sainte-Beuve, et il a trouvé très-drôle de l'appeler
Sainte-Bévue : eh bien! avant peu, et, selon le mot
du comique, par un juste retour des choses d'ici-
bas, tout le monde tombera d'accord qu'il n'y a,
dans ce fatras satirique, d'autres bévues que les
énormités historiques et théologiques jetées en
quelque sorte à poignée par le romancier furieux.

Car, remarquez-le bien, ce beau zèle de rectification historique, ce luxe d'érudition fantaisiste
semée de coq-à-l'âne et de calembredaines indignes
d'un écrivain qui a le respect de son talent, tout
cela vient d'un accès de vanité blessée, d'une rage
d'orgueil déçu. Au moment où paraissait *la Recherche de l'Absolu*, Sainte-Beuve avait publié un
portrait de Balzac très-favorable, aimable même
de ton, quelque peu flatté dans l'ensemble, mais
qui ne laissait pas que de renfermer des objections
et des réserves. Bien qu'elles fussent présentées

avec une rare modération, avec une sorte de déférence, elles semblèrent excessives et insupportables
au plus chatouilleux des amours-propres. Ce qu'il
y a de plaisant, et ce qu'on sait par le récit de
M. Jules Sandeau, qui était alors auprès de Balzac,
c'est que le romancier, qui s'attendait à un article
tout laudatif, se mit, en le recevant, à le lire tout
haut. Les premières pages ne le choquèrent pas
trop, et il continuait d'assez bonne humeur sa lecture. Mais bientôt son visage se rembrunit : il jeta
le malencontreux portrait, et s'écria, dans sa
colère : « Il me le payera ! je lui passerai ma plume
au travers du corps ! » Ceci se passait en 1834, et
l'article de la *Revue parisienne* sur *Port-Royal*,
qui n'est que l'acquit de cette dette, le solde de
cet arriéré de vengeance, date de 1840. On voit
combien est opiniâtre et enracinée la rancune d'un
littérateur qui se considère comme injustement
apprécié.

Or le critique comptait parmi ses anciens justi-
ciables plus d'un auteur qui, n'ayant pas comme
Balzac une *Revue* à sa disposition pour riposter à
un jugement par une insulte, avait cependant
comme lui sa revanche à prendre, son cœur gros de
vanité ulcérée à dégonfler, son coup de sifflet à

donner. L'opposition que Sainte-Beuve, professeur
en 1847, eût rencontrée, tout en se réduisant à
peu près exclusivement au monde littéraire, aurait
donc été persistante, systématique, implacable.
Elle eût suffi à triompher de lui. En 1855, malgré
l'apaisement en quelque sorte matériel qui résulte
d'un long temps écoulé, la tribu des auteurs mé-
contents, suivie de la docile cohorte des disciples
qui aiment et haïssent sur parole, n'a pas peu contribué à donner de la suite, du sérieux, une amertume particulière à un mouvement de pure effer-
vescence, et qui, sans cela, se fût promptement
dissipé.

La passion littéraire a ce double et bizarre inconvénient d'être à la fois très-tenace et très-em-
portée. Elle arrive plus aisément qu'aucune autre,
plus rapidement même que la passion politique ou
religieuse, à l'état de fièvre, de surexcitation aiguë,
à un paroxysme dont souvent la violence n'est
nullement en rapport avec la cause première de
l'accès. J'ai indiqué précédemment les raisons qui
avaient amené une séparation entre les membres
du Cénacle et Sainte-Beuve. On a pu voir qu'en
cette circonstance mes préférences n'étaient pas de
son côté, que je n'hésitais pas à le blâmer de s'im-

mobiliser dans son scepticisme et de bouder l'avenir.
J'ai eu soin également de ne pas laisser douteuse
ma façon de penser relativement aux continuels
engouements de Sainte-Beuve, aboutissant, avec
une régularité déplorable, avec une sorte de pério-
dicité, à de non moins continuels désenchante-
ments. Sur ce point, il y a eu lieu, il y aura lieu
encore de notre part à de justes sévérités; mais le
blâme que nous pourrons exprimer semblera bien
pâle auprès des duretés mortifiantes, écrasantes de
la passion. Voici ce qu'écrivait en 1845, à propos
de la réception de Sainte-Beuve à l'Académie française, une femme d'esprit et de grand talent qui a
eu ses moments de générosité, ses heures d'équité,
mais qui, ce jour-là, se faisait bien légèrement
l'écho de ressentiments et de rancunes venus de
sources très-différentes et momentanément alliés :

« On se querelle, on se bat pour aller jeudi à
l'Académie. La réunion sera des plus complètes :
il y aura là toutes les admiratrices de M. Victor
Hugo; il y aura là toutes les protectrices de
M. Sainte-Beuve, c'est-à-dire toutes les *lettrées* du
parti classique. Qui nous expliquera ce mystère?
Comment se fait-il que M. Sainte-Beuve, dont nous
apprécions le talent incontestable, mais que tout le

monde a connu jadis républicain et romantique forcené, soit aujourd'hui le favori de tous les salons ultra-monarchiques et *classiquissimes*, et de toutes les spirituelles femmes qui règnent dans ces salons? On répond à cela : « Il a abjuré!... » Belle raison ! Est-ce que les femmes doivent jamais venir en aide à ceux qui abjurent? La véritable mission des femmes, au contraire, est de secourir ceux qui luttent seuls et désespérément; leur devoir, d'assister les héroïsmes en détresse. Il ne leur est permis de courir qu'après les persécutés; qu'elles jettent leurs plus doux regards, leurs rubans, leurs bouquets au chevalier blessé dans l'arène, mais qu'elles refusent même un applaudissement au vainqueur félon qui doit son triomphe à la ruse. Oh! le présage est funeste! Ceci n'a l'air de rien, eh bien! c'est très-grave : tout est perdu, tout est fini dans un pays où les renégats sont protégés par les femmes; car il n'y a au monde que les femmes qui puissent encore maintenir dans le cœur des hommes, éprouvé par toutes les tentations de l'égoïsme, cette sublime démence qu'on appelle le courage, cette divine niaiserie qu'on nomme la loyauté. »

Est-il besoin de faire observer qu'il y a peu de

justesse et encore moins de mesure dans ces quelques lignes de madame Émile de Girardin? L'épi-
thète de *forcené* n'a jamais pu convenir ni s'appliquer à Sainte-Beuve. Elle jure d'une façon par trop
criarde avec ses habitudes d'esprit et de caractère.
Nous reviendrons tout à l'heure sur ce qui a trait
au républicanisme. Quant au romantisme, je demande en toute sincérité si un changement d'opinion littéraire, fût-il aussi complet, aussi soudain
que possible, peut jamais paraître assez grave pour
attirer au nouveau converti l'appellation flétris-
sante de *renégat*? Il y a des mots qu'il ne faut pas
prononcer, même en badinant; car l'esprit de ri-
valité, de dénigrement, de secte ou de parti, s'en
empare, et s'en fait une arme empoisonnée dont
il ne cessera plus de se servir.

Une idée de séduction intéressée, de corruption,
s'attache à cette qualification de renégat : et voilà
pourquoi nous la repoussons nettement, même
lorsque nous la rencontrons sous une forme demi-
plaisante. Sainte-Beuve a beaucoup varié. Il a
successivement embrassé, quitté et attaqué l'école
romantique, le groupe républicain du *National*,
le saint-simonisme, le catholicisme mystique, le
parti conservateur orléaniste, et, dans les deux

années qui ont précédé sa mort, il semblait incliner vers une nouvelle évolution ; il se détachait visiblement de la forme gouvernementale purement autoritaire, qu'il avait, au début, acceptée avec enthousiasme et chaleureusement préconisée. Dans ces fréquentes variations, il n'a jamais été déterminé par un rêve de gloriole ou une pensée de cupidité.

Une place de conservateur à la bibliothèque Mazarine, sous Louis-Philippe, une chaire de littérature française à l'École normale, sous le second Empire, ne sauraient pas plus, j'ose le croire, être regardées comme des tentations que comme des récompenses. Grâce à son petit patrimoine, à la facilité, à l'abondance de son travail, à la simplicité de ses goûts, Sainte-Beuve a toujours pu sauvegarder l'indépendance un peu sauvage qui faisait le fond de son humeur encore plus que de son caractère, et qui s'unissait chez lui à un grand besoin de plaire, aux bouffées d'une affectuosité ardente, à de vifs élans de sociabilité. Quant à la situation considérable à laquelle il était arrivé en dernier lieu, il est impossible de la considérer autrement que comme le couronnement bien naturel d'une brillante et laborieuse carrière.

Ceux qui ont vécu dans l'intimité de Sainte-Beuve, avant et après sa nomination au Sénat, savent de science certaine qu'il n'a jamais fait de son entrée dans cette assemblée la condition des services qu'il rendait, et que dans son élévation au rang de sénateur il a vu, non le prix de tels ou tels articles, le dédommagement de telles relations perdues, la récompense d'une attitude prise avec décision et soutenue avec fermeté, mais un honneur accordé en sa personne aux lettres françaises, à la partie pauvre, travailleuse et militante de notre littérature. J'ai eu de sa manière de sentir à cet égard des preuves décisives et qui ne m'ont laissé aucun doute.

Ainsi nous écartons, une fois pour toutes, cette vilaine et fausse idée de reniement. Nous n'en serons que plus à notre aise pour condamner ce qu'il y eut de réellement blâmable dans les variations et les mobilités de Sainte-Beuve. Ce n'est pas sur le fait même d'avoir varié que portent nos reproches. Les mystiques disent : « L'esprit souffle où il lui plaît. » Pourquoi nous autres, sectateurs du libre arbitre et de la réflexion, ne dirions-nous pas franchement : L'esprit va où il veut. Indépendant par essence, il ne peut s'inféoder à une croyance, à une opinion, à une idée, à une forme. Maître de tout, hors de s'enchaîner, il a le droit de changer, de chercher indéfiniment, pourvu que, dans ses changements, l'intérêt personnel n'entre pour rien. Mais ce n'est pas tout que d'être désintéressé, il faut aussi se montrer humain et modeste. Ces croyances qu'on délaisse, ces idées qu'on abandonne, ces formes politiques dont on se détache, on les a partagées, cultivées, défendues, servies avec d'autres hommes. Parce que la lumière s'est faite en vous, parce qu'une vérité plus haute et plus large, à votre gré, a pénétré votre intelligence, irez-vous du jour au lendemain, par une volte-face dont la soudaineté prendra aux yeux de tous des airs de traîtrise, fusiller à bout portant vos anciens compagnons d'armes, les frapper comme des ennemis mortels?

Il y a des situations, on le comprend, qui commandent la réserve, la discrétion, la pudeur. Exalter ce qu'on regarde comme une notion supérieure du juste, du vrai, déplorer d'anciennes erreurs, les attaquer même et les réfuter avec vivacité, avec passion, tout cela, selon les circonstances et les tempéraments, peut être plus ou moins convenable, plus ou moins mesuré quant au lan-

gage, aux allures de la polémique, mais demeure
en somme parfaitement licite. Dès que l'on touche
aux individus, dès que l'on s'attache avec insistance
à des personnalités, on excède son droit, et, selon
une locution familière aux écoliers, on se met hors
du jeu.

C'est ce qui est arrivé trop souvent à Sainte-
Beuve. Sensible seulement aux qualités, aux mérites de ses amis et coreligionnaires tant qu'il
combattait dans leurs rangs, il ne s'est plus sou-
venu, aussitôt après les avoir quittés, que de leurs
imperfections et de leurs défauts. Voltaire avait
coutume de dire que sur nos affections, déçues ou
rompues, nous devons, ne fût-ce que par respect
pour notre dignité, garder un silence absolu. Il est
malheureux que Sainte-Beuve, qui connaissait cette
maxime, ne l'ait pas mise en pratique. L'autorité
de sa critique souffre autant que sa considération
morale de sa versatilité de cœur. Ce qu'il peut y
avoir de piquant, de plausible, de sensé, de judicieux dans ses articles sur Alfred de Vigny, Béranger, Auguste Barbier, Lamennais, dans ses
deux gros volumes sur Chateaubriand, ne porte
pas coup et persuade peu, parce qu'on sent trop
chez le critique une préoccupation constante de

revenir sur d'anciens éloges, de les atténuer, d'en
ressaisir en quelque sorte le plus possible. Le retour
agressif de Sainte-Beuve contre les écrivains qui
avaient excité ses premières et ses plus vives admirations décèle une irritation sourde, une mauvaise
humeur difficilement contenue, et, — j'indique à
regret cette nuance, mais elle ne frappe que trop
l'observateur attentif, — un singulier dépit d'avoir
été pris pour dupe.

L'auteur des *Causeries* excellait, comme n'eût
pas manqué de le lui dire son maître Montaigne,
à *se piper* lui-même. Il se jetait (intellectuellement
parlant) à la tête des gens, découvrait chez eux des
talents, des vertus, des charmes de toute espèce,
se faisait bon compagnon, hospitalier, prévenant,
et, sans la solliciter, par sa naturelle et insinuante
expansion, obtenait la confiance. On ne posait
point devant lui : on se livrait, on était soi. Puis,
un jour, l'éblouissement venant à cesser, il aper-
cevait au beau milieu du visage du modèle une
verrue qui, dès la première minute, aurait dû lui
sauter aux yeux, et que dans le feu de son enthousiasme il n'avait eu garde de remarquer, par conséquent de reproduire. Furieux de son erreur,
mais n'en convenant même pas vis-à-vis de sa

conscience, il accusait le modèle de l'avoir trompé,
et se dédommageait en traçant un contre-portrait
où la verrue, surmontée d'une houppe de poils
follets, s'étalait dans toute sa splendeur. Les indifférents pouvaient quelquefois se divertir de ces
exécutions, menées avec infiniment de verve et de
malice; mais on avouera que la délicatesse morale
n'y trouvait guère son compte, et il est certain que
le sentiment d'estime générale, qui, en définitive,
constitue la seule force du critique, ne s'en accrois-
sait pas.

Les sévérités de Sainte-Beuve avaient cela de
particulièrement blessant pour ceux qui en étaient
l'objet, qu'elles impliquaient presque nécessairement une épreuve subie, une déchéance prononcée,
une indignité constatée. Sous la diversité des
formes et avec une courtoisie relative, ses articles
de révision ou de repentir pourraient se ramener à
la formule suivante : J'aimais un tel, parce qu'il
avait du talent; je l'ai loué en toute sincérité. Il a
cessé d'en avoir, ou bien je m'étais trompé à son
avantage en lui en attribuant trop. Ses défauts
m'ont frappé : je me suis éloigné de lui; et, comme
vous voyez, malgré notre ancienne amitié, je ne me
gêne pas pour proclamer ma nouvelle opinion sur

son compte. — L'inconvénient était d'abord que la nouvelle opinion n'avait souvent ni la justesse, ni l'équité de la première ; ensuite que les traits d'une critique essentiellement individualiste, en paraissant ne viser que le talent, atteignaient le caractère et, sous couleur de rectification, rapetissaient l'homme.

Avec les partis, les groupes, les salons, les gouvernements, même conduite, même procédé et, ce qui était inévitable, même résultat. Sans avoir été précisément, comme madame de Girardin l'avançait un peu à la légère, un républicain forcené, Sainte-Beuve s'était montré, de 1830 à 1834, des plus vifs et des plus décidés contre ce qu'on nommait alors *l'établissement de Juillet.* Il n'appartenait pas corps et âme, esprit et cœur, ainsi qu'on l'a prétendu plus tard avec animosité, avec acrimonie, à la rédaction du *National,* et dès lors son activité se portait de préférence vers les recueils purement littéraires. Cependant, il donnait de temps en temps des articles au journal de Carrel. Ses instincts, plutôt que des convictions arrêtées et mûrement réfléchies, le poussaient vers cette forme de l'esprit démocratique qui n'exclut pas certaines tendances autoritaires, vers le jacobinisme, en grand honneur, comme on sait, au *National*. La circonstance qui lui fit quitter cette feuille et l'éloigna du parti républicain est trop caractéristique pour ne pas être indiquée au moins brièvement.

Sainte-Beuve avait publié en septembre 1834, dans la *Revue des deux Mondes*, un essai approfondi et impartial sur Ballanche. Pour apprécier le doux et innocent mystique, le critique, appliquant déjà sa méthode, était entré, selon une locution usitée aujourd'hui en fait d'art théâtral, dans la peau du personnage. Il avait tenu compte, sans toutefois les adopter, des sentiments royalistes de Ballanche. La colère fut grande au *National* quand on y connut cet article, et les purs l'accusèrent de trahison. La première occasion qui se présenta de lui être désagréable fut saisie avec empressement.

Un M. Coëssin, incidemment qualifié de sectaire dans l'étude sur Ballanche, ou plutôt son disciple, le chevalier de Beauterne, espèce de cerveau brûlé, alliant dans un singulier mélange le jacobinisme, le mysticisme et le catholicisme, eut l'idée de se plaindre à quelques-unes des notabilités du parti républicain, et, ce qui est plus bizarre encore, sa plainte trouva de l'écho chez deux des principaux chefs du mouvement d'alors. Ils écrivirent à Sainte-Beuve une lettre dans laquelle il lui était signifié que tous les *hommes de cœur* avaient vu avec étonnement et indignation cet article sur Ballanche. Le démêlé n'eut pas, du reste, d'autres suites.

« Mais, écrit très-justement Sainte-Beuve, qui raconte lui-même la chose au tome II des *Portraits contemporains*, le sérieux et l'odieux de l'affaire était dans cette sorte de main-forte que des hommes politiques n'avaient pas craint de prêter à des intrigants mystiques ou à des extravagants. J'acquis, dans cette circonstance, des lumières qui me furent très-utiles sur l'esprit de parti, sur le peu de profit que tirent les vrais littérateurs et les esprits critiques à se mêler à des groupes politiques, toujours plus ou moins intolérants; car il faut, d'un côté ou d'un autre, se fermer des vues, et consentir absolument à condamner des jours à son intelligence. L'attitude d'Armand Carrel, pris perpétuellement à témoin et invoqué pour arbitre par mes adversaires, son silence obstiné (je m'étais, il est vrai, abstenu soigneusement de le voir; mais M. Buloz l'avait vu et avait essayé de le faire parler), ses refus calculés de prononcer une seule parole qui donnât tort aux violents, m'apprirent qu'il n'avait lui-même qu'à un assez faible degré, nonobstant son renom de générosité, le sens spontané de la justice. Je me déliai et cherchai plus que jamais mon refuge dans l'étude et dans la poésie intérieure, charme et consolation de ma jeunesse. »

A-t-on remarqué ces trois mots : *je me déliai,* si négligemment jetés, et qui n'ont l'air de rien? Tout Sainte-Beuve est là. Les gens de son parti lui font une injustice, il se fâche, prend son chapeau et s'en va. Cette conduite lui semble ce qu'il y a de plus naturel au monde. Il s'en faut, cependant.

Qu'on ne soit d'aucun parti, qu'on s'enferme dans une abstention dédaigneuse comme Montaigne, ou qu'on réserve sa liberté d'action comme Rousseau, comme Proudhon, cela se comprend. C'est une résolution qui, pour être accomplie et soutenue jusqu'au bout, demande une rare fermeté d'âme ; mais dans la situation exceptionnelle où l'on se place ainsi, on ne doit de comptes qu'à sa conscience et à sa raison. Quand, au contraire, on s'est enrôlé, à quelque degré que ce soit, dans un parti, on se trouve avoir contracté, à l'égard des hommes qui le composent et surtout des principes

dont ce groupe poursuit la réalisation, des engage-
ments qu'il n'est pas permis de rompre à la légère,
par un coup de tête, à propos d'un passe-droit ou
d'une sotte algarade.

A coup sûr, dans cette affaire de l'article Ballanche, Sainte-Beuve avait cent fois raison, et Béranger n'était que juste en lui écrivant, au sujet de
cette querelle d'Allemand, que prendre son parti
en cette occasion, c'était prendre celui du bon sens
contre l'absurdité, de la liberté de la pensée contre
la tyrannie des fanatiques. Mais, enfin, la chose
n'était pas si révoltante au fond, ni si énorme, qu'il
fût absolument nécessaire de se délier. Cette facilité à rompre donne idée que le fil était bien ténu
ou bien lâche, et qu'il n'y a pas eu grand effort à
faire pour le briser.

Est-ce s'excuser suffisamment que de nous adresser une petite morale sur le peu de profit que tirent
les littérateurs et les esprits critiques à se mêler à
des groupes politiques? Est-ce répondre victorieusement au reproche d'indifférence et de scepticisme,
que de nous dire : « Mes lecteurs ne sauront jamais
ce qu'il m'en a coûté et ce que j'ai eu secrètement
à souffrir pour avoir porté dès l'abord toute ma
sincérité et ma tendresse d'âme dans mes relations

politiques et littéraires ? » Pour moi, je ne me tiens pas satisfait à si bon marché. Quand les hommes s'unissent pour propager et réaliser certains principes qu'ils croient bons, salutaires, indispensables, il importe fort peu que les esprits critiques n'aient point de profit à tirer, ou que les sentiments élégiaques des vrais littérateurs soient froissés. Si les littérateurs sont des sensitives et les critiques d'égoïstes observateurs, ils feront bien de ne pas entrer dans les partis ; mais ils auraient tort de se figurer qu'une fois engagés, il leur est loisible, à la moindre contrariété, de rompre le pacte, de renier une solidarité qu'ils trouvent gênante.

Sainte-Beuve s'attendait-il à ne rencontrer que des sages et des anges chez les républicains ? C'eût été bien puéril de la part d'un précoce moraliste. Dans tous les cas, les lumières acquises en cette circonstance ne lui furent pas si utiles qu'il nous l'assure ; car depuis cette époque il s'est mêlé à bien des coteries, et, sur le déclin de l'âge, il a servi trop longtemps un parti où, pour employer ses propres expressions, il fallait de toute nécessité *se fermer des vues* et *condamner des jours à son intelligence.*

Le salon de madame Récamier, plus tard ceux

de la duchesse de Broglie, de la duchesse de Rauzan,
du comte Molé, reçurent le jeune mécontent, et le
consolèrent de sa mésaventure. L'auteur de *Port-
Royal* et des *Portraits de femmes* était là dans son
vrai milieu. Par certains côtés de son caractère,
par quelques-uns de ses goûts, il tenait assez des
abbés du xviiie siècle. Il aimait à vivre près des
dames, et même des grandes dames, à en être
écouté, choyé, caressé. La société polie, avec ses
délicatesses, ses élégances, ses raffinements, l'attirait, le captivait. On l'y recevait d'ailleurs à merveille ; son mérite y était apprécié, et si sa réputation littéraire n'y prenait pas un grand essor,
elle s'y consolidait. Au point de vue politique,
éloigné des doctrinaires qu'il n'a jamais pu souffrir,
trop peu guerroyant pour suivre M. Thiers dans
ses campagnes aventureuses, le monde de M. Molé
lui convenait parfaitement. On s'y montrait conservateur sans pédantisme, libéral à l'occasion ;
surtout, on y faisait cas des lettres et des lettrés.

Les années qui s'écoulèrent de 1838 à 1848 sont
peut-être celles où Sainte-Beuve approcha le plus
du bonheur, où du moins sa vie fut arrangée le
plus à son gré, selon son rêve. La matinée était
donnée au travail courant, l'après-midi à quelque

lecture de choix ou à quelque flânerie poétique ; le soir il allait dans les salons, causait avec esprit, avec feu, observait, et, rentré chez lui, notait dans son journal intime mille souvenirs intéressants, des anecdotes curieuses, de fines remarques morales. L'été, il passait ses vacances à Précy, au Thil, au Marais, à Champlâtreux. Sa santé alors était excellente. Il travaillait à ses heures. La publicité ne lui manquait pas et sa notoriété allait croissant de jour en jour. Conservateur à la bibliothèque Mazarine, membre de l'Académie française, que fallait-il pour que sa situation devînt tout à fait solide et se trouvât pleinement indépendante ? Simplement l'arrivée de M. Molé au ministère. Sainte-Beuve s'asseyait comme pair de France à côté de Victor Hugo, et il n'avait plus qu'à poursuivre, avec autant de dignité que de sécurité, sa carrière d'homme de lettres, de critique influent.

La révolution de Février vint briser ses espérances et il put croire un moment que, dans sa vie littéraire, tout allait être à recommencer. Quelques soupçons sottement injurieux, quelques tracasseries inintelligentes l'exaspérèrent. Aussi, lorsque Véron fit du *Constitutionnel* l'avant-garde de la réaction, Sainte-Beuve, irrité, agacé, se jeta l'un

des premiers dans la mêlée, et ne fut pas un des
moins actifs parmi les étranges sauveurs de la société qui, à ce moment-là, sortaient de dessous
terre.

J'ai souvent pensé que si, en 1849, à son retour
de Liége, il était entré au *Journal des Débats*, au
lieu de s'associer, avec sa fougue habituelle, au
docteur Véron, ç'aurait été pour lui un grand bonheur. Il aurait combattu avec ses anciens amis et
patrons. Décembre eût interrompu et non pas brisé
sa nouvelle existence. Reprenant la plume au bout
de quelques années, il eût été salué, accueilli,
applaudi de tous. Cela aurait mieux valu pour son
honneur, pour sa mémoire, que d'écrire l'article
intitulé *les Regrets* et quelques autres du même
genre. Là, Sainte-Beuve s'est donné le tort d'appliquer dans la sphère politique, sur le vif, sans
ménagement aucun, le procédé de volte-face dont
il a tant usé et abusé en littérature. Ajoutez cette
circonstance aggravante que, libre de ses mouve-
ments, soutenu par une force alors formidable, il
frappait des gens à terre, vaincus, bâillonnés, et
qui, s'ils avaient répondu un peu vivement, s'ils
avaient énergiquement regimbé sous l'aiguillon,
auraient payé cher leur impatience.

N'oubliez pas que, dans ces salons qu'il attaquait avec tant d'amertume et de dédain, il avait été reçu en ami de la maison, et qu'à ce monde orléaniste qui lui paraissait maintenant si ridicule, si haïssable, il devait sa réputation, sa situation, son autorité. Il n'y a point de passion politique, d'entraînement, de dévouement à un gouvernement quelconque, qui puisse excuser un pareil article. C'est le plus déplorable, le plus malheureux des actes. Sainte-Beuve badinant avec sa faute et s'en félicitant, ce qui lui est arrivé quelquefois, a constaté dans une note, en réimprimant les *Causeries du lundi*, que le coup avait porté en plein dans l'état-major des salons. Il se trompe. Le coup a porté plus loin. C'est la conscience publique qui a été profondément blessée par l'article des *Regrets*. Que d'amis inconnus il a contristés amèrement ce jour-là !

On voit à présent de quels éléments, le jour de la tumultueuse leçon du Collége de France, se composait l'impopularité du professeur. Il y en avait, si l'on peut s'exprimer ainsi, d'inégale qualité, d'inégale intensité. Parmi les auditeurs hostiles, accourus de toutes parts, les plus rudement frappés n'étaient pas les plus furieux. Tel, pour un ressentiment politique, si grave qu'il fût, s'agitait, se courrouçait moins que tel autre pour une piqûre d'épingle reçue vingt ans auparavant.

J'ai caractérisé et jugé assez sévèrement quelques-unes des variations de Sainte-Beuve pour avoir le droit de blâmer cette revanche brutale que prenaient à loisir, impunément, des rancunes coalisées et inégalement légitimes. Outre qu'on ne doit pas se faire justice soi-même, l'occasion et le lieu étaient singulièrement mal choisis pour une réclamation, une protestation. Qu'y avait-il de commun entre un enseignement sur Virgile et la polémique de l'ancien rédacteur du *Constitutionnel?* Sainte-Beuve avait fait acte de légèreté, d'inconsistance, d'ingratitude même : soit. Cela lui enlevait-il le droit d'entretenir le public, en termes excellents, des *Bucoliques* ou de l'*Énéide?* Et c'étaient ses ennemis qui, juges et parties, appliquant d'une façon sauvage la loi de Lynch, prononçaient sa déchéance et lui fermaient la bouche !

Il faut avoir assisté à cette scène de violence, avoir entendu ces exclamations confuses, ces reproches hors de saison et surtout hors de propos, ces questions saugrenues et outrageantes, pour se faire une idée de la manie qui nous pousse, dans ce pays, à mêler ce qui doit être distinct. Si l'on prétendait faire expier à Sainte-Beuve des torts nombreux, graves, et que je n'ai point dissimulés, on doit avouer que la forme donnée à cette exécution sommaire était aussi maladroite, aussi révoltante, aussi peu légitime que possible. Du reste, l'excès même de la violence dans l'attaque tourna au profit de celui qu'on s'était flatté d'anéantir, de pulvériser sur place. Mal soutenu (heureusement pour lui) par le monde officiel, il trouva de l'appui auprès du public impartial et raisonnable, qui se refusait à comprendre et ne voulait pas admettre ces vengeances directes, féroces, acharnées. Dès lors, chez beaucoup d'esprits, il y eut tendance à une réaction en sa faveur.

V

Le meilleur moyen de ne pas être abandonné des autres, c'est de ne point s'abandonner soi-même. Quand on voit un homme que l'on croyait perdu, abîmé, écrasé, se remettre à l'œuvre comme s'il ne lui était rien arrivé, conserver son sang-froid, sa sérénité, sa lucidité d'esprit, on se prend pour lui d'intérêt, de sympathie; on se sent porté à lui pardonner des torts que d'autres lui ont fait expier cruellement et dont le souvenir s'efface de jour en jour; son énergie et sa solidité lui valent quasi un brevet d'innocence. Il en a été précisément ainsi pour Sainte-Beuve. Si, après l'échauffourée du Collége de France, il eût disparu du journalisme, brisé sa plume, fait le mort, l'opinion générale aurait probablement tourné contre lui, ou du moins il serait tombé en un tel dédain, qu'il lui aurait été plus tard fort difficile de se relever. En travaillant et produisant de plus belle, après une si rude bourrasque, il prouva qu'il ne manquait point de ressort et fit sentir qu'il n'acceptait point comme définitive une sentence rendue *ab irato*.

Durer, en ce monde, est la grande affaire. Celui qui dure le plus a presque toujours raison. Il épuise les mauvaises chances et donne aux circonstances favorables le temps de naître, de venir à maturité. « Si madame de Maintenon avait fait la sottise de se laisser mourir à vingt ans, me disait un jour un éminent historien, elle n'aurait pas été reine de France. » Si, de dépit ou de douleur,

Sainte-Beuve avait déserté la critique active en 1855, il n'aurait pas été le parrain et le guide du mouvement littéraire des douze dernières années.

Quelle que soit l'opinion qu'on professe sur les tendances et la portée de la littérature du second Empire, il est un fait que l'analyste consciencieux ne saurait se dispenser d'enregistrer. Depuis 1856 ou 1857, presque tous les écrivains qui ont jeté de l'éclat, obtenu du succès, exercé de l'influence, ont été devinés, lancés, soutenus par Sainte-Beuve. Il a fait connaître et goûter au grand public MM. Feydeau, Flaubert, Taine, Renan, Scherer, de Goncourt. Il a supprimé pour eux les lenteurs et les déboires du stage littéraire. Leurs œuvres, souvent remarquables, mais quelquefois si compliquées, conçues d'après des systèmes particuliers, exécutées par des procédés spéciaux, ont trouvé en lui le plus complaisant, le plus infatigable, le plus éclairé, le plus subtil des interprètes. Que la génération ainsi accueillie et guidée par le maître lui ait été, lui soit encore reconnaissante de sa bienveillante pénétration, de son ferme et décisif appui, qu'elle lui ait rendu en popularité ce qu'elle recevait de lui en notoriété retentissante, il n'y a pas lieu de s'en étonner. C'est à la fois naturel et juste. Quant

à la manière dont cette popularité s'est répandue
en dehors de la famille littéraire, au développement
considérable qu'elle a pris, j'ose dire que rien ne
fait plus d'honneur à la sagacité de notre nation,
à sa finesse de tact, à sa promptitude de coup
d'œil.

L'éclosion d'une littérature brillante, riche,
variée, était-elle possible dans les conditions où se
trouvait la France depuis 1852? On pouvait en
douter. Quelques œuvres de premier ordre, les
Poëmes antiques de M. Leconte de Lisle, *Terre
et Ciel* de Jean Reynaud, avaient, à de longs intervalles, rompu le morne silence, éclairé d'une vive
lueur la nuit sinistre des premières années du second Empire ; mais de mouvement proprement
dit, de cycle littéraire, de groupe aux aspirations
décidées et manifestes, il n'y en avait pas. Ce qui
était en germe n'osait se montrer. Et si quelque
chose d'original, de nouveau, de hardi venait à paraître ; si des individualités inconnues s'essayaient
à la publicité ; si un ensemble de talents se dessi-
nait à l'horizon ; qui serait capable de constater
l'originalité, d'apprécier les inconnus, de les mettre en lumière, de distinguer cet ensemble vague
encore et de lui donner confiance ?

Il semblait difficile que sur cette terre de France, si féconde en esprits distingués, des talents, malgré le régime de la compression à outrance et de l'écrasement systématique, ne se révélassent point tôt ou tard. Mais seraient-ils compris et dirigés convenablement? La critique serait-elle à la hauteur de son devoir? Telle était la question qu'on se posait. Cette douloureuse incertitude cessa aussitôt après les articles de Sainte-Beuve sur *Fanny*, *Madame Bovary*, les *Essais* de M. Taine. La littérature nouvelle avait trouvé son juge et son guide. Sous ce rapport, il n'y avait plus à craindre pour elle.

Si l'on était tenté de croire que j'arrange à ma fantaisie une histoire idéale, on n'aura qu'à se rappeler quelle influence presque souveraine exerçait, surtout depuis quelques années, en matière littéraire, l'opinion de l'éminent critique. Ce n'était autour de lui qu'empressement flatteur, concours assidu des intelligences, noble émulation, adhésions respectueuses et chaleureuses. Un article de lui faisait loi, et ses éloges fondaient une réputation. Le public eût-il ainsi continué à se montrer déférent, docile, obstinément fidèle, s'il n'avait senti la justesse des indications et des décisions du maître? On lui savait profondément gré d'avoir, en

interrogeant la veine avec une dextérité sans pareille, facilité, hâté la naissance de plus d'une
œuvre remarquable. Les délicats, parmi les pro-
ducteurs, se sont écriés en apprenant sa mort : Qui
nous lira désormais ? par qui serons-nous sûrs
d'être appréciés et encouragés? Et, de leur côté,
les lecteurs ont dit : Qui nous conseillera? qui nous
renseignera ? Un écrivain qui manque à tant de
personnes et qui laisse un tel vide ne jouissait-il
pas d'une vraie autorité? n'était-il pas populaire
dans son ordre ? S'il y avait eu en France un ministère de l'esprit et de la littérature, nul autre que
lui n'y eût été porté par les libres suffrages des
amis des lettres.

L'illustre critique n'avait pas besoin du titre pour
remplir la fonction. Il sentait l'utilité, la grandeur
de son rôle, et aurait voulu que ceux qui avaient
la haute main sur les ressorts administratifs en
fussent aussi persuadés que lui. Dans un projet de
discours inséré au journal *le Temps*, sorte de testament politique et littéraire où sa pensée se découvre
avec une entière franchise, il a esquissé quelques
aperçus, jeté quelques vues sur la manière dont il
avait conçu l'attitude de l'Etat à l'égard de la littérature et de la philosophie. Nous n'avons pas à

discuter ici ces vues en détail. Ce qui nous importe et ce que nous constaterons simplement, c'est que Sainte-Beuve n'admettait pas que, pour le gouvernement d'une nation essentiellement intelligente, l'esprit fût comme non avenu. Il ne pouvait se résigner au dédain, à l'hostilité, à l'aveugle éloignement des puissants de la terre pour cette force invisible et déliée qui a toujours le dernier mot.

Après avoir appelé, servi, préconisé l'absolutisme, il était forcé, par l'invincible logique des choses, de reconnaître qu'en dehors d'une pleine et entière liberté, la haute littérature, celle qui est vraiment digne de ce nom, est condamnée à végéter, à s'éteindre. On sait comment il vint se heurter, se briser contre l'immobilisme du gouvernement et la résistance froidement calculée d'un parti peu intelligent. Tout le monde se souvient encore de ses efforts et de ses luttes pour faire entendre au Sénat le langage de la tolérance, de la raison, de l'humanité. Une explosion de ricanements et de colères répondit seule à son généreux appel. Il dut s'avouer vaincu, au moins dans la sphère officielle et quant au débat légal. Mais l'opinion publique ne l'abandonna pas un seul instant, et l'on peut affirmer que, depuis le jour où le Sénat s'avisa en quelque sorte de le déclarer indigne, sa popularité ne fit que croître et s'étendre. Les classes laborieuses, qui jusqu'alors le connaissaient peu, furent touchées de sa croisade contre l'ignorance et commencèrent à le compter parmi leurs défenseurs.

Des typographes, fondateurs de la *Bibliothèque nationale*, lui ayant adressé cette intéressante collection avec quelques lignes de remercîment, à la suite de son beau discours sur les bibliothèques populaires, il leur répondit :

« Aucun remercîment ne pouvait m'aller plus au cœur que le vôtre. Vous êtes le corps d'élite des travailleurs. Vous faites le trait-d'union avec les écrivains proprement dits. Vous savez les choses des uns et des autres. Vous êtes à même de juger quelles productions de la pensée peuvent avoir le plus de bonne influence dans une éducation populaire, mâle et saine. La précieuse Bibliothèque que vous m'offrez porte témoignage, dans ses choix, de la virilité de l'intelligence, et de l'étendue variée que cette fermeté n'exclut pas. Une nation qui aurait franchement adopté cette Bibliothèque comme sienne serait à la fois lettrée et solide. Les sottises n'y mordraient pas. »

La première phrase de cette remarquable lettre n'est pas une banale formule de politesse. Sainte-Beuve, qui ne se rendait pas très-bien compte des conditions de la liberté politique et qui sacrifiait trop au culte de la discipline, du bon ordre extérieur, aimait très-réellement, très-sérieusement, les hommes de labeur manuel, ceux qui, selon la vieille expression, peinent et tracassent pour vivre. Il respectait le prolétariat, et, chaque fois que ses études le lui ont permis, il s'est occupé avec chaleur, avec sympathie, de la question du paupérisme. En ce sens, son magnifique travail sur Proudhon, noble couronnement de sa carrière, est à lire tout entier [1]. Sur quelques points, des objections se présentent ; mais à prendre l'ensemble, et si l'on s'en tient à ce qu'on peut appeler le sentiment général, il est impossible de ne pas reconnaître chez le peintre un tendre respect, une profonde admiration pour le modèle. Sans jamais tomber dans la déclamation ni dans l'emphase, Sainte-Beuve était humain, activement charitable, d'une bonté positive et effective. Par sa manière d'être, très-particulière à cet égard, comme par

1. Ce travail, on le sait, a été publié dans la *Revue contemporaine* et n'en est point sorti sous forme de livre.

ses doctrines philosophiques, il se rattachait étroitement aux habitudes morales du xviiie siècle.

La résolution loyale et honorable à laquelle il s'est arrêté, de ne point passer, après sa mort, par une église dont il rejetait les dogmes, avait attiré à son convoi un grand nombre de personnes que les pompes religieuses eussent peut-être écartées. Aux littérateurs, aux étudiants, aux prolétaires sont venus se joindre — et ils avaient raison — les libres-penseurs. Il n'y a jamais d'hommages trop nombreux ni trop éclatants pour la bonne foi. Assurément, à ce point de vue rien ne manquait à ces sévères funérailles. Mais le libre-croyant y sentait, à je ne sais quel vide, que l'espérance et la foi n'accompagnaient pas le cercueil de celui dont elles n'avaient point consolé la vie. Sainte-Beuve n'a jamais pu croire. Il n'a même jamais pu espérer. C'est ce qui a paralysé en plus d'une circonstance l'essor de son talent et ce qui, parmi les esprits supérieurs, ne permet de le placer qu'au second rang, au-dessous de Voltaire et de Goëthe, dans le groupe glorieux encore de Montaigne, de Saint-Évremond, de Bayle, d'Érasme et de Fontenelle.

QUATRIÈME PARTIE

L'HOMME PRIVÉ

SOUVENIRS, LETTRES, RELATIONS DIVERSES

I

Je suis entré chez Sainte-Beuve, comme secrétaire, au milieu de l'année 1855, mais je le connais-
sais personnellement depuis 1852. Fort malade,
fort triste, fort pauvre, ne sachant en aucune façon
ce qu'il adviendrait de moi, j'avais voulu à cette
époque, avant de renoncer (comme je m'en croyais
capable) à la vie littéraire et de m'ensevelir dans
un village de Normandie, me donner le plaisir de

10

causer au moins quelques instants avec le littérateur vers lequel me portaient bien des prédilections
secrètes, vainement combattues par les plus sérieuses influences. Mon goût si vif et si durable
pour le talent de Sainte-Beuve ne m'a en effet été
suggéré par aucun des maîtres qui ont eu tant
d'action sur ma jeunesse.

Lorsque, en 1846, je lisais avec avidité les *Portraits contemporains* apportés au lycée de Rouen
par un de mes camarades, tout le monde dans
mon entourage universitaire, et, au dehors, de
chers amis, ordinairement plus écoutés que mes
professeurs, tout le monde, dis-je, s'accordait à
blâmer mon penchant pour cet esprit maniéré,
comme on l'appelait, et me déconseillait officieuse-
ment cette lecture. Je ne me laissai point ébranler
toutefois, et plus tard, pendant mes premiers tâtonnements parisiens, les *Causeries du lundi*,
alors dans leur nouveauté et leur premier éclat, me
tinrent souvent compagnie, me consolèrent de plus
d'une contrariété. Il était donc naturel que j'eusse
le désir de voir Sainte-Beuve et de m'entretenir
avec lui.

Il me fit, à première vue, l'effet d'un prélat ita-

lien, d'un bon cardinal. Ce mélange de malice et
de bonhomie qui caractérisait sa conversation m'en-
chanta. Son affabilité fut parfaite. Il me pressa de
le revenir voir et s'occupa de me procurer du travail à Paris, ne pouvant consentir, disait-il, à ce
que j'allasse sommeiller en province. Je ne sais
trop ce que Sainte-Beuve dut penser des essais
critiques et poétiques (hélas! oui, des épîtres, des
élégies!) que je lui soumis en assez grand nombre
pendant trois années. Certes, il n'y avait pas là de
quoi satisfaire un goût aussi délicat que le sien.
S'il me prit en quelque gré, ce fut plutôt à cause
de la variété de mes aptitudes et, si je puis ainsi
parler, de l'étendue de ma curiosité. N'être indifférent à rien, se préparer, s'exercer sur tout sujet,
était à ses yeux la meilleure recommandation.
C'est sans doute ce qui le détermina, après avoir
longuement tâté mon genre d'intelligence et non
sans appréhension de mon caractère un peu roide,
un peu hautain, qui ne lui convenait guère, à m'appeler auprès de lui, lorsqu'il se sépara de M. Oc-
tave Lacroix.

Sainte-Beuve travaillait alors à l'*Athæneum
français*, revue consciencieuse, disposée à la ma-

nière des recueils anglais, que M. Ludovic Lalanne
et l'aimable Noël des Vergers rédigeaient sous la
direction de M. Didot. Il continuait là, sans faire
beaucoup de bruit, mais en conservant son public
habituel, la série des *Causeries du lundi*. En
même temps il préparait son volume sur Virgile,
qui contenait la substance du cours arrêté dès la
seconde leçon au Collége de France par des troubles sur lesquels j'ai eu déjà occasion de m'expliquer [1]. Cet ouvrage, et cela se comprend, lui tenait
beaucoup au cœur. Il s'agissait pour lui de démontrer victorieusement qu'il eût comme un autre,
mieux qu'un autre peut-être, renouvelé, en l'élar-
gissant, l'enseignement classique de l'antiquité.
Ce Virgile une fois fini, nous nous mîmes d'arra-
che-pied, comme on dit, aux deux derniers volumes
de *Port-Royal*.

Le manuscrit, qui avait servi pour le cours professé en 1840 à Lausanne, était entièrement achevé,
et plusieurs parties aussi parfaites que possible
comme exécution. Néanmoins, je ne crois pas
qu'une seule ligne du texte primitif ait subsisté
telle quelle. Tout a été revu, repris, retouché, for-

1. Voir la troisième partie, p. 157 et suiv.

tifié, consolidé. Au point de vue de l'érudition spéciale, *Port-Royal* est un livre inattaquable. En voyant Sainte-Beuve passer des jours entiers et même prendre sur ses nuits pour vérifier les moindres détails, pour se préserver de toute inexactitude, j'ai compris et appris ce que c'est que travailler consciencieusement. Il était impossible sous ce rapport d'aller à meilleure école. Sainte-Beuve avait horreur de l'à peu près. Il lui a fait une guerre à mort dans *Port-Royal*, et je ne crois pas que même dans les *Causeries*, si rapidement écrites, les futurs critiques découvrent beaucoup d'erreurs.

On a prononcé quelquefois au sujet des *Causeries du lundi* le mot d'*improvisation*. Il y avait de cela sans doute dans la rédaction de ces longs articles, qui généralement ne coûtaient à l'écrivain qu'une journée de travail. Mais l'improvisation ne portait que sur la forme, nullement sur la préparation. J'ai pu m'en convaincre et je le déclare sans exagération aucune : il n'y avait pas de sujet littéraire, philosophique ou religieux sur lequel Sainte-Beuve ne fût préparé et en mesure de parler, non-seulement avec connaissance de cause, mais avec étendue, avec détail et en homme qui n'a jamais

complétement cessé de s'en occupper. Cette étonnante sûreté de mémoire et cette richesse vraiment
extraordinaire d'information lui permettaient d'a-
border d'emblée les matières les plus arides et d'y
répandre de l'agrément, de la diversité, de la vie.
Lorsque décidément le sujet, par trop ingrat, *ne
rendait pas*, il s'en tirait comme Simonide dans la
fable de La Fontaine, en faisant l'éloge de Castor
et de Pollux, non pas par une digression à la
Janin, mais en cherchant et découvrant le point
par où cet éloge pouvait éclairer ou féconder le terrain qu'il défrichait péniblement.

C'est ainsi que je l'ai vu égayer et fertiliser les
Mémoires de Dangeau. A force d'anecdotes prises
à droite et à gauche, de renseignements habilement
ajoutés et rapportés, il est parvenu à triompher de
leur écrasante monotonie. D'autres fois son immense acquisition antérieure le mettait à même de
s'orienter très-vite et avec beaucoup de décision
dans le sujet le plus touffu, le plus complexe. Les
matériaux accumulés, souvent en quantité formidable, et qui encombraient la table de travail, ne le
faisaient point hésiter. Il voyait ou plutôt il savait
d'avance où devait s'adresser le principal effort de
la recherche, à quelle porte il convenait de frapper.

En lui voyant commencer le mercredi ou le jeudi la préparation d'un énorme travail sur les *Mémoires de Villars* dont il ne pouvait reculer la rédaction définitive plus tard que le samedi matin, je ne pus m'empêcher de lui dire avec terreur : Mais comment allez-vous faire? — « Bah! me répondit-il en souriant, on se jette à l'eau d'abord et on est bien forcé de nager. » Et il ajouta : « Je préparerai mon second article en écrivant le premier. » De fait et à ma grande stupéfaction, il tint parole. A la longue je pris l'habitude de le voir sortir constamment à son avantage de ces gageures, de ces tours de force, et je ne m'étonnai plus.

Je ne conseillerais pas toutefois à nos jeunes littérateurs de recourir à cette méthode. Pour qui ne s'appuierait pas sur l'érudition la plus variée et la plus forte, elle serait promptement désastreuse. Sainte-Beuve s'en rendait parfaitement compte. Je lui demandais pourquoi il n'écrivait pas une étude sur d'Alembert, et je lui faisais observer que le côté mathématique du sujet ne devait guère l'embarrasser, puisqu'il lui avait été loisible, à la suite d'un concours, d'entrer le premier à l'École polytechnique : « Oh! il y a trop longtemps de cela , me dit-il. On ne doit parler que de ce que l'on continue de savoir. » Mot profond qui aurait pu lui servir de devise, et qui fait comprendre du même coup la source aussi bien que la limite de son activité.

Il aimait à *causer* ses articles. Le soir, en nous promenant sur les boulevards extérieurs, au Luxembourg, sur la place Saint-Sulpice, il me les exposait avec feu, avec passion. Ce n'était pas à ce moment-là qu'il fallait lui faire des objections ou lui exprimer des réserves. Pendant qu'il préparait sa *Causerie* ou son *Portrait*, Sainte-Beuve appartenait corps et âme au modèle. Il l'embrassait, l'épousait, l'exaltait. Si je n'étais pas comme lui sous le charme, si le personnage me semblait insignifiant ou antipathique, si je résistais plus ou moins ouvertement, il s'écriait avec une vive contrariété : « En un mot, cher ami, vous voulez m'empêcher de faire mon article. Ce sujet n'a pas le bonheur de vous convenir. C'est vraiment déplorable ! » Et tout furieux, il me tournait le dos.

Le lendemain nous n'avions garde de souffler mot de notre discussion. Mais une fois l'article écrit, j'arrivais par voie d'insinuation et d'amendements à lui faire adopter quelques-unes de mes restrictions, Quant aux modifications de style, il s'y prêtait avec une extrême facilité. En dictant l'article entièrement écrit de sa main, d'un caractère très-fin et à peine déchiffrable, il ne me perdait pas de vue, et lorsqu'il devinait chez moi une hésitation, un scrupule, il s'arrêtait, m'interrogeait, ne me laissait pas tranquille que je n'eusse avoué ce que je désapprouvais intérieurement. Ces objections ne le blessaient nullement, et bien souvent il y faisait droit.

Sainte-Beuve apportait un soin extrême aux éditions successives, aux réimpressions de ses ouvrages. « Tant qu'on vit, disait-il en répétant avec complaisance un mot de Ballanche, il ne faut pas abandonner ses enfants à la charité publique. » Aussi relisait-il trois et quatre fois les épreuves. Il faisait peu de changements dans le texte, mais lorsque son point de vue s'était modifié ou que le personnage lui plaisait moins, il multipliait les notes rectificatives. Il était rare qu'il se dégoûtât tout à fait de ses anciens favoris. Je ne lui ai vu cette disposition bien décidée que pendant l'achèvement de *Port-Royal*. L'ancien admirateur des solitaires et des religieuses avait fini par prendre littéralement en grippe tout ce monde d'élite, trop entêté à son gré dans l'indépendance et la lutte.

Par un renversement de rôle assez piquant, c'était moi qui, la plupart du temps, défendais les port-royalistes contre l'auteur de *Port-Royal*. Je tenais pour Arnauld, et Sainte-Beuve pour Louis XIV.

Lorsqu'il s'agissait de politique, nos discussions devenaient souvent orageuses. A propos de Camille Desmoulins, de Saint-Just, de Condorcet, un jour surtout au sujet des Lettres de Saint-Arnaud, nous eûmes de véritables querelles. L'invariable conclusion de Sainte-Beuve était toujours : Vous êtes un fanatique. On pense bien que je n'entrerai dans aucun détail sur ces petits différends qui, à la longue, m'ont poussé à reprendre ma liberté un peu plus tôt que je ne l'aurais fait, et l'on peut croire que je suis resté absolument fanatique dans le sens où l'entendait mon illustre et peu commode antagoniste. Je dois pourtant à la mémoire de Sainte-Beuve ce témoignage, qu'il portait dans ce qui eût été chez tout autre l'excès de la complaisance, pour ne pas employer un mot plus sévère, une sorte de désintéressement chevaleresque. Qu'on ne se récrie pas et qu'on veuille bien écouter l'anecdote suivante, dont je tiens à préciser le sens.

C'était en 1857. Je venais, en me rendant rue

Montparnasse, de feuilleter quelques journaux sous l'Odéon. Dans un de ces journaux j'avais lu l'annonce de la prochaine nomination de Sainte-Beuve au Sénat. Je lui fis part de ce bruit, sans du reste avoir l'air de prendre trop la nouvelle au sérieux. Il devint rouge tout à coup et s'écria avec une violence extraordinaire : « Ne me répétez jamais de pareilles sottises ! Croyez-vous que je veuille me déshonorer ! » J'avoue que sur le moment je fus abasourdi et que je pris ces paroles pour une simple lubie. A mesure que j'ai vécu auprès de Sainte-Beuve, je les ai mieux comprises. Il était, j'en suis persuadé, très-sincère en parlant ainsi.

Le Sénat pour lui, selon la conception qu'il s'en faisait, devait être la récompense de certains services qu'à cette époque il n'estimait pas encore avoir rendus. Plus tard il en jugea autrement, et trouvant à son appréciation qu'il avait atteint, sinon passé les limites du dévouement tel qu'il le comprenait, c'est-à-dire conciliable avec une certaine liberté d'allure, il manifesta autant d'impatience et de mauvaise humeur en voyant différer sa nomination, qu'il avait laissé éclater de colère lorsque je la lui avais prématurément annoncée.

Encore une fois, je n'ai pas à me prononcer sur le fond des choses, mais ce que j'affirme, parce que j'en ai la certitude morale, c'est que, dans l'un et l'autre cas, Sainte-Beuve ne se démentit point intérieurement et qu'il fut conséquent, au moins en lui-même. Il était d'ailleurs en politique, ainsi que beaucoup de gens de lettres, très-sujet à des visées chimériques et à des rêveries romanesques.

Nous ne nous entendions guère non plus lorsque nous parlions de l'amour. La constance, l'idéal, le platonisme l'agaçaient profondément. Très-pratique, très-positif à l'égard des femmes, il avait à leur sujet de singulières théories, et n'admettait pas que, même en amitié, on platonisât avec elles. « On se demande toujours, disait-il, si l'amitié sincère, forte, durable, est possible entre un homme et une femme. Oui, je le crois, cela se peut, mais à une condition : il faut qu'il n'y ait pas toujours eu amitié pure et simple, qu'à un moment aussi court, aussi fugitif que vous le voudrez, la passion ait parlé, qu'il y ait eu abandon, faiblesse, — une seule, entendez bien, et jamais renouvelée. A ce prix-là, et la dette à la curiosité une fois payée, on peut vivre l'un près de l'autre au-dessus de la rechute comme sans crainte de rupture. Je suis si persuadé de cette vérité, que j'en veux faire une nouvelle intitulée *le Clou d'or.* » — Comment aurait-il mis en action cette scabreuse donnée? On ne peut faire là-dessus que des conjectures, car *le Clou d'or* n'a jamais été écrit. Il en est de même d'*Ambition*, roman dont il aimait à parler et qui dans son œuvre devait faire le pendant de *Volupté.*

Je ne voudrais point tomber dans des détails puérils. Il ne me semble pas inutile cependant de répondre à certains bruits qui se sont produits je ne sais comment et ont couru fort loin. Me trouvant dans les premiers mois de 1860 chez une aimable dame américaine, un de ses compatriotes, correspondant d'un journal de New-York, homme fort distingué et ancien ami d'Edgar Poë, me demanda très-sérieusement s'il était vrai que chaque jour, après son dîner, Sainte-Beuve tombât sous la table, de telle sorte qu'on fût obligé de le porter ivre-mort dans son lit. La question était si étrange, si en dehors pour moi du vraisemblable et du raisonnable, que je fus pris d'abord d'un accès de fou rire. Réfléchissant ensuite que cet Américain n'avait eu que le tort de prêter l'oreille aux billevesées de quelque commis-voyageur, je l'assurai qu'il n'y avait pas d'homme plus rigoureusement sobre que Sainte-Beuve.

Une tasse de thé avec un nuage de lait et une brioche que le plus souvent il partageait avec sa vieille chatte : voilà ce dont se composait invariablement son déjeuner.

Le dîner était plus confortable, sans la moindre superfluité, sans recherche de bonne chère. L'eau rougie était la boisson dominante. A peine au dessert un doigt de vin pur, et dans les grandes occasions un petit verre d'anisette ou de curaçao. Jamais de café ni de cognac. On voit que Sainte-Beuve n'était ni buveur ni gourmand. Il se piquait d'être gourmet. Selon lui, les gens de goût doivent avoir le palais délicat, impressionnable. « Voyez les doctrinaires, répétait-il volontiers, ils ne savent ni ce qu'ils mangent ni ce qu'ils boivent. On ferait manger un morceau de carton à M. Guizot sans qu'il s'en aperçût. Eh bien ! en littérature ces hommes-là n'ont point de goût à eux. Ils prononcent en vertu de la tradition scolastique, universitaire. Leurs jugements sont faits d'avance, non sentis ni éprouvés personnellement. »

J'ai beau chercher de quel fait on a pu partir

pour ériger Sainte-Beuve en disciple actif d'Épicure, ma mémoire ne me rappelle rien. Il est vrai qu'une fois on lui apporta de chez son épicier une interminable note où, de deux jours en deux jours, figuraient des bouteilles de vin qu'il était censé avoir bues, et que la cuisinière qui était alors chez lui, une grande diablesse nommée Adèle, consommait avec des carabiniers par trop altérés. J'étais là lorsqu'on lui remit cette fameuse note et je lui en donnai lecture. Je vois encore sa figure étonnée à mesure qu'il entendait les mentions suivantes, qui se succédaient avec une désespérante régularité : le 2, grenache *pour monsieur ;* le 4, malaga *pour monsieur ;* le 6, Saint-Émilion *pour monsieur,* et ainsi de suite. Non, jamais homme ne fut ni si stupéfait ni si en colère.

L'idée qu'on pût le croire tellement ami du jus de la treille l'exaspérait. Qu'aurait-il dit si les propos de mon Américain étaient venus jusqu'à lui ?

Ce matérialiste était donc sous ce rapport fort peu matériel. Quant à son matérialisme philosophique, tout ce qu'on a dit et imprimé à ce sujet est encore au-dessous de la vérité. Un prince de ses amis, qui ne se pique pas de spiritualisme, s'écriait un soir — m'a-t-on raconté — après lui avoir entendu développer avec feu ses thèses favorites : « Le matérialisme de Sainte-Beuve m'épouvante. » On comprend combien vives et quelquefois pénibles devaient être mes impressions, à moi, intellectualiste endiablé, comme il m'appelait dans nos controverses. Il en était resté à d'Holbach, à la Mettrie, à *l'homme-plante*, à *l'homme-machine*. Les systèmes idéalistes sur l'origine de l'espèce humaine lui faisaient hausser les épaules. La conclusion vers laquelle le ramenait un penchant invincible était celle-ci : « Un degré de chaleur de plus ou de moins à un certain moment du temps, et l'humanité pouvait ne pas éclore. » Les dispositions de son testament ont été l'expression exacte et courageuse de sa pensée. Je me sers exprès de ce mot *courageuse*. Il n'était pas arrivé sans hésitation à ces formules d'une suprême netteté. Me parlant un jour, vers 1855, je crois, de ses intentions à cet égard, il me dit : « J'ai rédigé un projet de testament. Je veux être enterré à huit heures du matin et qu'il n'y ait point de discours sur ma tombe. Quelques amis fidèles assisteront à la basse messe et ce sera tout. » Personne n'ignore que la basse messe ne se trouvait point dans le testament

définitif. Le philosophe l'avait emporté sur l'homme
du monde et s'était affranchi du respect humain.

Je me suis parfois demandé comment dans un
commerce continuel avec un esprit supérieur, armé
de toutes les puissances de l'érudition, de l'ironie ;
investi à mon égard d'une triple autorité par son
âge, son talent et sa renommée, je n'avais jamais
laissé entamer mes croyances déistes et spiritua-
listes ni mes convictions libérales. Il est probable
que, lorsque j'entrai chez Sainte-Beuve, la forma-
tion de l'être moral était complétement achevée en
moi. Sans cela je n'aurais peut-être pas si ferme-
ment ni si heureusement résisté. Je ne suis pas
sans y avoir eu quelque mérite, car s'il n'avait
point le goût de la propagande, Sainte-Beuve ne
pouvait souffrir la contradiction, même réservée et
voilée, même sous-entendue.

Cette divergence dans les idées et dans la manière de sentir devait finir par amener dans nos
rapports de la tension et une certaine froideur. Je
n'essayais pas de convertir, mais je ne voulais ni
être converti ni même le paraître. De là, des pico-
teries, des escarmouches et, par moments, des discussions assez vives. Ajoutez qu'après plus de trois

ans d'un régime intellectuel aussi substantiel, aussi excitant, et d'une éducation critique telle que Sainte-Beuve pouvait seul la donner, la vocation littéraire se déclarait en moi impérieuse, irrésistible, comme le fit remarquer un jour à mon patron un écrivain d'infiniment d'esprit et de talent, M. d'Aurevilly, auquel j'ai toujours été reconnaissant d'avoir osé porter le premier un témoignage décisif en ma faveur. Or, Sainte-Beuve a toujours trop occupé et absorbé ses secrétaires pour qu'il leur ait été possible d'écrire et de se produire en restant près de lui. J'apportai dans cette épreuve toute la bonne volonté possible, mais ce fut en vain. Mis dans la nécessité d'opter entre ma vocation et des fonctions qui étaient une entrave continuelle, je m'éloignai, non sans tristesse, mais sans hésitation et sans me sentir le moindre tort.

C'était en janvier 1859. L'année presque entière se passa sans que nous eussions occasion de nous rencontrer. En décembre, les deux derniers volumes de *Port-Royal*, auxquels j'avais travaillé de la première à la dernière ligne, parurent. Sainte-Beuve me les envoya aussitôt avec cette mention inscrite de sa main sur la première page : *Souve-*

nir de trois ans moins un jour. J'allai dès le lendemain lui porter ma carte, et quelques heures après m'arrivait le billet suivant :

« J'ai été à la fois reconnaissant et désolé de recevoir votre carte ; Marie a été grondée de ne vous avoir pas fait entrer, même un peu malgré vous : *coge intrare.*

« Permettez-moi de croire que ceci équivaut à un serrement de main cordial. Laissons du passé ce qui est pénible ; j'apprécie votre esprit comme je le dois : je m'étais cru évidemment sur vous par le passé plus de droits que je n'en avais : l'intention du moins n'était pas mauvaise. Que ce qui s'est mêlé d'étranger entre nous n'empêche point le sentiment durable d'estime de persister sans aigreur et même avec un degré d'affection qui, de ma part, n'a nul effort à faire pour renaître et continuer.

« SAINTE-BEUVE. »

Ce 7 décembre.

Nos relations dès lors redevinrent tout à fait cordiales, et sans doute elles auraient repris avec une certaine fréquence si peu de mois après je n'étais allé me fixer à la campagne. Du moins il

n'y eut plus rien entre nous qui ressemblât à une
séparation ou à de l'hostilité. Sainte-Beuve suivit
avec une attention bienveillante mes débuts dans
la critique littéraire, et j'ai de lui, sur quelques-
uns de mes articles, des lettres charmantes. J'en
pourrais transcrire des passages intéressants, mais
je préfère donner ici une lettre de pure cordialité
intime et qui montre combien nos relations étaient
empreintes d'affabilité. Il s'agissait d'une très-
bonne photographie de lui, que j'avais vivement
désiré avoir et qu'il était difficile de se procurer,
parce qu'elle n'était pas dans le commerce. Je lui
avais écrit pour lui exprimer l'espérance qu'il restait au moins un de ces portraits, et pour le lui
demander. Il me répondit :

« Ce 8 janvier 1862.

« Eh bien ! non, cher ami, le mal est irrépara-
ble, il n'y en a plus, Chesneau a eu le dernier.
« Il n'y en a plus, et pourtant il y en a encore.
« Si ce n'est qu'impossible, cela se fera.
« Voilà l'histoire : je n'ai eu primitivement qu'un
seul de ces marmousets, fait en Savoie par M. de
Solms ; mais Mathieu-Meusnier, le voyant un jour
chez moi, a demandé à faire photographier l'uni-

que exemplaire, et cette photographie de seconde main que ces dames ont accaparée et distribuée , il n'en restait plus qu'une épreuve l'autre jour.

« Oui, mais on a la plaque, et on en fera faire une pour vous, tout exprès. N'est-ce pas mieux ? Je n'ai attaché à cela aucune importance et n'en ai donné aucune.

« Ainsi me voilà excusé, n'est-pas ? — Je n'ai à vous souhaiter, cher ami, que de mener votre campagne aussi vaillamment que vous faites dès l'entrée : votre *Proudhon* est des plus fermes et, ce me semble, des plus sensés : je ne possède pas à fond sa théorie ; je lui accorderais seulement un peu plus d'éloges littéraires : *Solatia victo.*

« De la santé, cher ami, c'est la seule chose que vos amis doivent vous souhaiter, puisqu'avec elle vous avez d'ailleurs en vous toutes les vertus intérieures qui font, soutiennent, animent et passionnent le talent.

« Tout à vous,

« SAINTE-BEUVE.

« Et amitiés à Chesneau. »

J'ai été bien inspiré de demander cette photographie. Je n'en connais pas qui rende plus exactement la physionomie de Sainte-Beuve. Elle est suspendue dans mon cabinet de travail, à côté du médaillon de Senancour par David d'Angers. Lorsque je la regarde, il me semble que je vois revivre mon vieux maître. C'est bien lui, saisi dans un de ses meilleurs moments, dans une de ses heures trop rares de douce sérénité ; quand, par exemple, il descendait au jardin, vers quatre heures de l'après-midi, après avoir lu un chant d'Homère, et qu'il oubliait les contrariétés ou les souffrances du présent pour songer à cette antiquité qu'il n'a jamais cessé d'aimer, qu'il comprenait et sentait à merveille.

11

On publiera sans doute un jour la Correspondance de Sainte-Beuve. Il sortira, je crois, à son honneur de cette épreuve autant que Béranger, plus que Lamennais, qui est monotone dans la passion, et que Stendhal, par trop sec dans l'ironie, par trop sans gêne dans la familiarité. Sainte-Beuve ne *soignait* pas ses lettres à la façon de

Paul-Louis Courier, mais il ne se restreignait pas au billet banal, emphatiquement et vaguement louangeur, dont se montrent trop prodigues quelques-uns de nos plus illustres écrivains, à ce que l'on peut appeler le *billet grand homme*. L'auteur des *Causeries* n'aimait pas à écrire des riens. Pour qu'il se décidât à quitter le travail et à correspondre, il fallait que le motif lui parût pressant, la cause suffisamment sérieuse. Il griffonnait très-vite ou dictait avec une extrême rapidité, ne se permettant jamais d'incorrections, mais oubliant parfois des mots et se souciant peu d'arrondir coquettement la période.

Des branches de cette correspondance seront assurément très-intéressantes, très-riches en jugements de première impression, en aperçus d'une soudaineté piquante, en informations d'une sûreté rare, en curieuses anecdotes vivement contées. Il y aura beaucoup de charme et aussi de profit à suivre le critique dans ses relations multiples, soit avec ses pairs et ses égaux en talent, soit avec les écrivains qu'il devinait et encourageait, soit avec les chercheurs laborieux qu'il félicitait de leurs investigations, de leurs découvertes, qu'il aiguillonnait, et auxquels il aimait à ne pas laisser une seule minute de repos, à mettre, selon son expression favorite, le feu sous le ventre.

Les lettres adressées à M. de Chantelauze et dont cet esprit délicat, qui est en même temps un de nos plus distingués érudits, a bien voulu me donner communication, nous font voir Sainte-Beuve sous cet aspect. M. de Chantelauze est arrivé, en étudiant à fond la vie du cardinal de Retz, à faire pénétrer la lumière dans certaines parties jusqu'alors complétement obscures de cette existence si agitée. De tels résultats ne pouvaient laisser indifférent Sainte-Beuve qui, dans *Port-Royal*, avait rencontré Retz en assez bons termes avec les principaux jansénistes et presque soutenu par eux au moment de la Fronde. Il faut voir de quelle ardeur il presse la rédaction du mémoire sur ce sujet auquel travaillait M. de Chantelauze, avec quelle satisfaction réelle il en salue l'achèvement, avec quel empressement, en attendant l'heure d'une plus large et plus complète publicité, il offre au consciencieux et discret écrivain l'hospitalité d'un de ses appendices de *Port-Royal* dont il l'improvise ainsi auxiliaire et collaborateur. Je gâterais l'agrément de cette correspondance en insistant davantage. Il me suffit d'en avoir indiqué le caractère.

Quant aux lettres que j'ai reçues de Sainte-Beuve, je comptais d'abord me borner à donner les deux ou trois qu'on a pu lire dans le chapitre précédent, mais on me dit qu'il est nécessaire d'être complet, et je me décide à imprimer ce qui n'est ni trop intime, ni trop insignifiant, et vaut la peine d'être conservé. La plupart de ces billets, écrits en courant, ont trait à mes débuts dans la critique littéraire. Mon ancien maître les suivait avec beaucoup d'attention et de sympathie. On y trouvera souvent des compliments dans lesquels sans doute une affectueuse et persistante estime avait sa bonne part. Je ne m'en fusse pas targué sans motif et par simple plaisir d'amour-propre, mais je les enregistre sans embarras, sans fausse modestie, avec la légitime fierté du travailleur qui n'a rien négligé pour bien faire, et qui se voit récompensé de son effort par le plus compétent des juges.

La première de ces lettres est datée du 26 février 1853. Ne connaissant pas encore personnellement Sainte-Beuve, je lui avais demandé la permission de me présenter chez lui. On va voir, par sa réponse, combien il était accueillant pour les plus inconnus, les plus obscurs.

Ce samedi 26.

« Monsieur,

« Je n'ai certainement pas oublié votre aimable lettre et le désir amical que vous m'avez exprimé. J'ai été sans une minute à moi depuis quinze jours ; mais si vous étiez libre demain, *vers 1 heure* (dimanche), j'aurais grand plaisir à vous voir et à vous remercier de vos bons sentiments pour moi. »

Je travaillais alors au *Dictionnaire* de Maurice Lachâtre, étrange compilation ! singulièrement curieuse sous sa première forme et qui a usé bien des existences de modestes travailleurs ! Jules Duval, l'économiste regrettable et regretté, futur rédacteur des *Débats* et de la *Revue des Deux-Mondes*, y coudoyait Buchet de Cublize, tête encyclopédique, intelligence vaste et impartiale, élève, comme Tisseur, Blanc Saint-Bonnet, Victor de Laprade, Fortoul, dont il était le condisciple, du célèbre abbé Noirot. Le trop de science et une sorte d'impassibilité intellectuelle qui le détournait de l'action en lui faisant voir avec une égale force les avantages et les inconvénients des choses, ont empêché Buchet de se produire avec autorité, avec éclat. Je le comparais quelquefois à un vaisseau qui ne peut démarrer, parce que son chargement est trop lourd. Hélas! le vaisseau ne quittera jamais la rade, et la mort a eu raison de ce cerveau puissant où tant de notions étaient accumulées!

Antonio Watripon, fantaisiste aimable, esprit léger, poëte à ses heures, qui côtoyait, sans en faire partie, le monde de Murger, et le studieux Victor Fillias, ancien élève de l'École Normale, frappés déjà tous les deux de la maladie de poitrine qui devait les enlever quelques années plus tard, n'étaient pas les moins assidus des collaborateurs.

Parmi les survivants, je citerai l'infatigable M. Charguéraud, liseur, fureteur, annotateur, l'homme-dictionnaire, l'homme-recherche; et un charmant causeur, lettré jusqu'au bout des ongles, M. Melvil-Bloncourt, aujourd'hui représentant des colonies à l'Assemblée nationale, l'un des hommes qui possèdent et maintiennent le mieux la tradition intellectuelle, philosophique de notre pays. J'omets bien des physionomies originales qui ont traversé ce milieu compliqué, cultivé, sans s'y acclimater et seulement par curiosité ou conviction, car, au *Dictionnaire* Lachâtre, sauf le secrétaire de rédaction, devenu maintenant un bonapartiste excentrique, nous étions passionnément libéraux.

La partie faible était les appointements. On était peu payé et ce peu n'arrivait pas toujours régulièrement. Sainte-Beuve, qui me trouva mauvaise mine et m'entendit tousser, s'inquiéta et tenta de me découvrir une occupation mieux rétribuée. La chose n'était pas facile, son action ne s'exerçant guère que sur la presse gouvernementale où je ne voulais pas entrer. Sainte-Beuve me fit à la fin comprendre qu'on peut rédiger des notices archéologiques et des bulletins de bibliographie dans le *Moniteur*, sans être un ami ou même un serviteur du gouvernement. Voici ce qu'il m'écrivait au milieu de l'été de 1853, sans plus tenir compte de mes hésitations :

Paris, 18 juillet.

« Mon cher monsieur,

« J'ai parlé pour vous à M. Turgan, directeur du *Moniteur*. Il est tout disposé à vous occuper. Je ne lui ai rien désigné de précis, mais je lui ai dit que vous étiez propre à bien des choses et que vous pourriez là vous étendre au fur et à mesure. Allez voir un jour M. Turgan A MIDI avec le petit mot que je joins ici. S'il n'y était pas, attendez-le. Expliquez-lui bien ce que vous pourriez faire, non-seulement en articles, mais en notes, en extraits, pour les parties sérieuses, historiques encore plus que littéraires ; enfin, mettez-le à même de vous bien essayer. Arrangez-vous pourtant de manière à ne pas quitter le certain pour l'incertain, et ne levez un pied du radeau où vous êtes que quand vous en aurez un bien posé sur le vaisseau.

> « Tout à vous. »

Pendant les deux années que je passai au *Moniteur*, remplissant les fonctions d'historiographe de ce vieux Paris dont les monuments disparaissaient chaque jour, et qui devait bientôt n'être plus qu'un souvenir, je vis très-souvent Sainte-Beuve et il n'eut occasion de m'écrire que de très-courts billets. De 1855 à 1859, j'étais son secrétaire et je venais deux fois par jour rue Montparnasse, sauf les dimanches, où l'on ne travaillait que le matin, et le 1er janvier, où je prenais l'unique congé de l'année. On comprend que de si fréquents rapports ne laissaient place à aucune correspondance ; j'ai,

plus haut, en racontant notre brouille et notre ré-
conciliation, donné le texte de la lettre qui marqua
notre rapprochement.

En 1860, je répondis, dans l'*Opinion nationale*,
à un article de M. Renan publié au *Journal des
Débats* sous ce titre : *Le Béranger des familles*,
par quelques pages assez vives, intitulées : *M. Renan et le génie gaulois*. Sainte-Beuve m'écrivit à
ce sujet.

Ce 10 janvier.

« Mon cher ami,

.   .   .   .

.   .   .   .   .   L'article est excellent; le titre met
tout d'abord en lumière le vrai point de la question; il élève le débat, ce qui est justice avec Renan qui élève tous les sujets qu'il traite. Tout le
passage où vous le montrez fils trop dédaigneux de
ces pères et ayeux auxquels il ne veut pas ressem-
bler, mais qui ont servi à le former, à le préparer,
et qui l'ont nourri même avant qu'il fût né, est
excellent et digne de l'adversaire. L'apologue final,
emprunté au plus charmant poëte du crû gaulois,
est du plus heureux à propos. En tout, cet article

sur une question *brûlante*, doit, ce me semble,
vous faire bien de l'honneur et vous poser.

« Tout à vous.

« *P. S.* — Pour la critique, — il y a un peu
d'obscurité dans les *Eliacin* de la critique, — les
Néarque et les *Polyeucte*, etc., ne craignez pas de
simplifier et d'ouvrir davantage votre expression. »

L'impression produite sur lui par cet article fut
durable, car, venant à son tour à écrire sur Béranger, il en fit mention avec éloges. Cette question Béranger tendait d'ailleurs à s'éterniser. De
tous les points de l'horizon littéraire, on s'accordait
pour foudroyer le chansonnier défunt. M. Eugène
Pelletan, toujours hardi contre les tombes, donnait, sur ce sujet, la main à M. Renan et attaquait
la mémoire de Béranger avec l'amertume dont il
devait faire preuve plus tard contre celle de Proudhon. Je revins, de mon côté, à la rescousse par
un article intitulé : *Une lettre d'outre-tombe*, où
j'imitais de mon mieux la manière du vieux chansonnier dans sa correspondance pour railler et
confondre ses détracteurs. Vers la même époque
paraissait, dans la *Revue européenne*, mon étude

sur *Port-Royal*. Je reçus à ce propos la lettre suivante :

Ce 5 mai.

« Cher ami,

« J'ai à vous faire un double compliment.

« Dans l'un, je suis trop intéressé pour avoir le droit d'y insister ; mais, en vous lisant, j'ai été frappé des parties fortes et de cette profonde concentration, par endroits éloquente, le plus digne hommage à ces *stoïques* chrétiens !

« La *lettre de Béranger* est du meilleur esprit et du meilleur *sens*. Je ne serais même pas étonné qu'elle n'avertît les badauds de ne pas se laisser aller au torrent des violents et de revenir à penser et à juger par eux-mêmes. Ce serait un beau triomphe. Mais, même quand vous ne corrigeriez personne, cette charmante lettre, qui rejoint l'article sur Renan, vous fait le plus grand honneur, et il me semble que si on la met en regard de votre *Essai* sur Port-Royal, si différent de manière, on vous reconnaîtra cet *entre-deux* de Pascal qui est la base des vrais talents et des esprits solides.

« Continuez, mon cher ami, et ménagez-vous ;

c'est le seul conseil à vous donner. Croyez à mes sentiments de reconnaissance et de haute estime. »

Je passe une lettre d'affaires, où il se montre fort aimable pour moi et pour d'autres, et j'arrive à celle qu'il m'écrivit pour me remercier d'un article sur *Chateaubriand*[1] *et son groupe littéraire*, dans lequel, tout en demeurant courtois et respectueux, j'avais tenu à me montrer ferme et à ne pas transiger sur certains points.

« Ce 16 décembre 1860.

« Enfin, cher ami, je l'ai cet article tant désiré, moins encore comme faveur que comme expression d'une pensée à laquelle j'attache tant de prix et j'accorde tant de valeur. J'espère, avant tout, que votre santé n'aura pas trop souffert de cette reprise de travail, car, quand vous vous y mettez, c'est d'une façon si sincère et si intense que la machine physique doit s'en ressentir, et que la lame fait trembler le fourreau. Je vous remercie d'avoir *maintenu* Chateaubriand que je n'ai jamais voulu diminuer, encore moins dégrader. Le vrai est que

1. Voir à l'Appendice.

ce cours était devenu un peu vieux; j'ai tâché de le rajeunir et de le fortifier, de le *radouber* par toutes sortes de documents et de curiosités authentiques. Mais les conséquences que j'en ai vu tirer, je ne les tire pas, et même en vingt endroits je dis le contraire. Vous dites des choses excellentes sur la statue qui, en définitive, continuera de montrer le front inspiré, le reste se dérobant sous le nuage. Mais nous, qui sommes dans les coulisses, nous étions derrière le nuage qui continuera de se re-former pour d'autres. Il n'y a que ceux qui le vou-dront qui viendront nous y chercher. — Je vous trouve seulement trop sévère pour les pages de la fin, qui n'ont point paru manquer si fort à la con-venance, l'homme étant ce qu'il était; et le monde, si sévère d'ordinaire pour les confidences de ce genre, a paru goûter et accepter celles-là. Mais vous êtes, me direz-vous, plus sérieux que ce monde frivole; sur ce point, j'ai retrouvé un *croyant!* C'est un privilége de la jeunesse et de la vie austère que vous menez. — L'âge vous en ôtera assez. Cet âge (le vôtre) est *sans pitié!*

« Je vous serre bien cordialement la main, en attendant que j'aie le plaisir de vous voir.

« Merci encore et tout à vous. »

En novembre, les beaux articles de Sainte-Beuve sur Béranger paraissaient au *Constitutionnel*, et du fond de notre ermitage, situé au pied des collines de Sèvres, nous envoyions au maître, Chesneau et moi, nos très-vives félicitations. Je joignais à ma lettre un article récemment publié sur Montausier. Voici la réponse, datée du 25 novembre :

« Cher ami,

« Je suis bien sensible à l'approbation de l'École de Sèvres sur le *Béranger*. Elle compte beaucoup pour moi. Cœur et esprit, l'École de Sèvres !

« J'ai lu le *Montausier*. C'est bien là ce rabroueur de gens, ce duc et pair qui avait du Scaliger. Vous avez rassemblé à merveille tous ces traits qui n'en feront jamais un de ces misanthropes qu'on aime. Il a décidément perdu son procès. Je ne lui connais de bon que l'amitié de Fléchier : c'est sa circonstance *atténuante*.

« Je fais comme vous, cher ami, je pioche.

« Tout à vous et à Chesneau. »

Faisant un choix et n'ayant pas à m'astreindre à l'ordre chronologique, je place ici deux lettres qui montrent Sainte-Beuve sous un jour tout particulier. Je n'ai jamais auprès de lui sollicité pour mon compte, et si les lettres que je lui adressais existent encore, on pourra les ouvrir sans y rien trouver qui trahisse de ma part l'ombre d'une convoitise, mais j'ai eu quelquefois recours à lui pour des amis dont la situation était intéressante, ou d'humbles fonctionnaires qui demandaient de l'avancement. Il a toujours fait preuve en ces circonstances d'une obligeance extrême, mais rien ne lui était plus pénible que le rôle de solliciteur et ne le mettait davantage au supplice. On en jugera par ce qu'on va lire :

« Ce 14 décembre 1861.

« Cher ami,

« Vous aurez compris que, si je n'ai pas répondu, ç'a été à cause de ma surcharge de travail.

« J'ai tout reçu de l'*Opinion* et tout lu avec intérêt, depuis la *Sœur Philomène* jusqu'à l'article Meissonnier [1].

« Je voudrais pouvoir faire ce que vous désirez. Voici mes difficultés : je hais de *solliciter*. Si l'on sollicite vaguement, mollement, on n'obtient pas :

1. Par M. Ernest Chesneau.

il n'y a qu'une manière, c'est de demander *comme pour soi*. Or, cela engage beaucoup. Je prends ces personnages par leurs surfaces polies, je réserve mon indépendance ; n'ayant jamais rien à leur rendre, je m'abstiens d'être leur obligé ! Combien il faut estimer l'intérieur des gens pour supporter d'être leur obligé !

« Cela ne veut pas dire que je ne tenterai rien ; mais ce m'est une difficulté morale.....

« . . . .

. . . . . . M. Lévêque[1] est venu un moment me voir, nous avons causé de vous.

« Excusez-moi de n'en pas dire plus en écrivant : je rebute sur l'écriture, tant j'ai à en faire.

« Mille bonnes amitiés à vous et à Chesneau. »

« Ce 5 décembre 1867.

« Mon cher ami,

« Vous ne pouvez douter du plaisir que j'aurais à vous être agréable. Écrire à un directeur général que je ne connais pas ne serait rien, et je passerais

---

1. Professeur au collége de France, membre de l'Institut, auteur de plusieurs ouvrages philosophiques, notamment d'un traité, justement estimé, sur *la Science du beau*.

12

sur mes scrupules de réserve. J'y ai bien passé hier en recommandant.....

« Mais veuillez savoir que M. Vandal est le gendre de M. Heeckeren[1]. Vous vous rendrez alors parfaitement compte que je ne puis, à aucun prix, m'offrir dans la position de désirer être obligé envers lui.

« Vous me parlez du Sénat comme si j'étais aussi en état d'y aller. Mon mal est très-sérieux et me tient sans plus devoir me lâcher. C'est à travers cela que je tâche de sauver le matin quelques heures d'étude.

« La révision de *Port-Royal* était une grosse épine. Je me suis senti bien soulagé de l'avoir hors du pied.

« Je suis à vous de tout cœur.

« *P. S.* — Il y a dans les *Libres études* d'Athanase Coquerel un chapitre sur *Augustin du Fossé*. Cela m'a rappelé votre ancienne visite au pasteur Paumier. Ici nous avons une révélation complète. Vous trouveriez là peut-être un sujet à quelque méditation morale et religieuse. »

---

1. Qui avait gravement insulté Sainte-Beuve au Sénat.

Deux ou trois lettres encore, prises un peu çà et là, pour compléter la gerbe. Après tout ce qui précède, il est permis d'être sobre d'explications, et je les laisse parler d'elles-mêmes.

« Cher ami,

« J'ai reçu de vous les articles sur les critiques et celui sur madame Sand[1], très-remarquables, et ce dernier de la plus pressante et victorieuse polémique. Michel Lévy vous parlera sans doute d'un travail à faire sur une édition qu'il projette de lettres en grande partie inédites, des *amis de Rousseau;* c'est le dépôt des *papiers Moultou.* D'Alembert, Duclos, Diderot, madame d'Épinay, etc., y défilent et y figurent[2]. J'ai cela chez moi jusqu'à samedi. Michel Lévy y viendra vers une heure. On me dit que vous avez la bonne pensée de venir ce jour-là. Je dois dîner en ville et sortir vers cinq heures. J'aurais trop de regret de vous manquer

---

1. Il s'agissait du grand prix que devait décerner l'Académie française et qui fut accordé à M. Thiers. J'avais pris en main et chaudement la cause de madame Sand.

2. J'ai été, en effet, chargé de préparer ce travail qui, retardé par diverses causes, ne parut qu'en 1865 sous ce titre : *Jean-Jacques Rousseau, ses amis et ses ennemis.*

encore ! Vous avez dû avoir bien de l'écho sur l'article George Sand, même des beaux arbres de Saint-Cloud.

« Tout à vous. »

« Ce 29 mai (1861). »

« Ce 22 décembre 1866.

« Cher ami,

« Laissez-moi dicter pour être bien lisible. Me voilà pris sans grande douleur, mais assez sérieusement au fond. Je ne songe plus à produire, mais simplement à recueillir, à lier mes gerbes. J'y suffirai à peine. Je vous ai lu dans *la Libre Conscience*. Vous me donnez envie de connaître ce M. Pécaut...

« Sur Gui Patin, voici ce que je sais. Taschereau avait préparé presque entièrement une édition d'après les manuscrits de l'Arsenal. Les éditeurs faisant défaut, il a dû s'arrêter. Il est à croire que, si préparée qu'elle soit, son édition était loin d'être achevée en manuscrit : de tels travaux ne se terminent qu'à l'impression. Mais je crois que le plus simple et le plus direct, pour ne pas recommencer ce qui est déjà fait, serait de s'adresser à lui.

M. Taschereau est un parfait galant homme, un peu sec d'abord, mais accessible. Il sait mieux que personne tout ce qu'il y a de défectueux dans l'édition Réveillé-Parise, dont les faiblesses et le manque de goût sautent aux yeux. Je pourrai faire sonder M. Taschereau par mon ami Rochebilière. Je suis malheureusement peu en état pour le moment de me mêler directement d'aucune chose. Il faudrait m'excuser auprès de vos amis [1]. Je ne ferais guère que leur dire plus au long ce que je vous résume ici.

« Assez pour aujourd'hui, cher ami ; continuez et suivez votre voie ; elle est bien vôtre : elle a son caractère.

« Tout à vous de cœur. »

Quelques heures plus tard il m'écrivait sur le même sujet.

______

1. Le docteur Montanier et M. Henry Maret, qui songeaient à donner au public une nouvelle édition de Gui-Patin. La politique vint à la traverse et leur fit abandonner ce projet. M. Montanier a été préfet du Gers après le 4 septembre. Maret, charmant esprit, l'un de nos plus fins humoristes, s'est laissé entraîner hors des voies littéraires, et les événements l'ont durement puni de cette passagère infidélité. Espérons que cet enfant prodigue reviendra aux Lettres pour lesquelles il est fait et dont il n'aurait jamais dû s'éloi-
    octobre 1871).

« Samedi 22.

« Cher ami,

« Je cause avec M. Paul Chéron, de la *Bibliothè-que Impériale* : il est *très-foncé* sur Gui Patin. Si MM. Montanier et Maret veulent en aller causer avec lui un jour à la Bibliothèque, ils n'ont qu'à se présenter de votre part, il leur dira tout ce qu'il en sait, et il sait bien l'état de la question.

« A vous de cœur. »

« Ce 30 septembre 1866.

« Mon cher ami, »

« Je vous remercie beaucoup de m'avoir fait lire vos trois articles sur le *Dictionnaire* de Littré. Ils me paraissent excellents. Vous avez su mêler de l'agrément à l'exactitude par ce tracé historique de la destinée des mots, de leur grandeur et de leur décadence. La remarque sur la qualité du style de l'*Essai sur les mœurs* est essentielle. — En tout c'est de la critique qui rend fidèlement l'auteur dont elle s'occupe et y ajoute sur quelques points.

« Agréez toutes mes amitiés. »

On voit par ces quelques échantillons ce que sera une correspondance complète de Sainte-Beuve. Il me suffit d'en avoir donné une idée. J'ai d'autres lettres de lui, mais purement intimes et qui ne jetteraient pas sur sa physionomie un jour plus vif que celles qu'on vient de lire. Dans tout ceci — et je le déclare expressément pour qu'on ne soit pas tenté de me le rappeler —c'est du maître seul qu'il s'agit et non. de ma personnalité.

Je n'ai pas même, en consignant ces marques flatteuses d'assentiment, l'arrière-pensée de répondre à certains bruits qui nous ont représentés comme très-froids et presque hostiles à l'égard l'un de l'autre dans les dernières années de sa vie. La vérité est que nos dissentiments philosophiques et politiques subsistèrent jusqu'à la fin, mais sans s'accentuer davantage, sans tourner jamais à la polémique. En littérature même nous eûmes des *piques* assez vives. Il désapprouvait la vivacité rigoureuse de mes appréciations sur M. Taine. La sévérité de mon article contre *Salammbô* de M. Gustave Flaubert lui paraissait excessive, etc.

Ces désaccords, inévitables entre personnes qui n'ont pas le même point de départ et ne se servent pas de la même mesure, n'ont point empêché

Sainte-Beuve de me rendre publiquement témoignage en mainte occasion. Dans *Port-Royal*, dans son Introduction aux *Amis de Rousseau*, en plusieurs endroits des *Causeries du lundi*, spécialement dans l'appendice intitulé : *Mes secrétaires*, il a parlé de moi en termes qui ne laissent rien à désirer et qui ne me permettent à son égard que l'expression d'une profonde reconnaissance.

Il s'intéressait très-vivement aux diverses parties, successivement publiées, de mon plus récent ouvrage : l'*Année d'un Ermite*. Le dernier chapitre, *La Confession de l'Ermite*, lui avait causé une forte impression et il s'en est exprimé devant des amis communs en des termes que je n'ose mentionner ici. Ces effusions intimes, cette psychologie personnelle lui plaisaient particulièrement et il craignait que l'élément histoire naturelle, le côté Toussenel et Michelet, dominant la tradition Jean-Jacques et Bernardin, ne l'emportât dans mon livre. « Engagez-le bien, disait-il à Chesneau, à n'y pas mettre trop de fourmis. » J'ai suivi de mon mieux son conseil et j'ai tâché de tenir la balance égale entre le psychologue et le naturaliste. C'était, dans la limite du possible, rendre encore hommage à l'éminent écrivain qui m'a ouvert la voie et dont les enseignements si pénétrants et si exquis ne cesseront jamais d'être présents à ma mémoire.

III

LETTRES A M. DE CHANTELAUZE.

Ce 24 juin 1863.

« Oui, Monsieur, j'ai appris votre découverte [1] par un article de M. Nefftzer, et je suis à l'affût depuis ce temps-là. Cette correspondance publiée sera un événement littéraire et historique. Vous aurez rendu un vrai service aux curieux, et aussi à la langue; car Retz en déshabillé doit être fort intéressant à surprendre. Je vous suis infiniment obligé d'une offre si aimable [2]; croyez-vous qu'avec la vie assujettie que je mène et la charge de ma corvée hebdomadaire, il m'est impossible de profiter d'une si parfaite obligeance avant lundi prochain? Si ce jour-là vous étiez libre vers deux

1. La correspondance chiffrée de Retz avec l'abbé Charrier.
2. L'offre d'une lecture à M. Sainte-Beuve de la correspondance secrète du cardinal de Retz.

heures et demie, je serais flatté et honoré de vous recevoir et de vous entendre. Dans tous les cas, Monsieur, veuillez me faire part du volume dès qu'il sera prêt, et je mettrai à votre disposition et à celle de votre héros ma petite trompette.

« Agréez, Monsieur, l'expression de ma gratitude et de mon respect.

« SAINTE-BEUVE. »

Ce 18 février 1866.

« Monsieur,

«J'ai à vous remercier infiniment de l'intéressante lettre qui m'a été remise de votre part, et aussi pour la personne que vous aviez chargée de me la remettre. J'ai trouvé en madame Roger des Genettes une de ces personnes d'esprit avec lesquelles on se sent tout d'abord à l'aise et comme en pleine connaissance. Tout ce que vous me dites de vos travaux est bien fait pour m'intéresser. Vous êtes du petit nombre de ceux qui travaillent non pour le bruit, mais pour la science elle-même, pour cette belle science de l'histoire qui est une mer sans rivage et sans fond. Vous en ferez sortir quelques belles îles mieux connues. Je vois que ce sera toute une révolution d'opinions sur le cardinal de Retz. Il méritait

d'être approfondi et de trouver son peintre définitif. Je ne pourrai, dans une préface que je vais
ajouter à une nouvelle édition de mon livre de
Port-Royal, qu'indiquer votre future publication,
avec le regret de ne pouvoir, dès à présent, en faire
profiter ma narration, trop conjecturale sur le
chapitre de Retz. Je ne peux que me féliciter,
Monsieur, d'une curiosité qui m'a valu une si obli-
geante réponse et qui me permet de vous exprimer
les sentiments de haute estime que méritent votre
personne et vos travaux.

« Votre dévoué, »

Ce 23 février 1866.

« Cher Monsieur,

« Je ne sais moi-même comment vous remercier
de tant de bonté. Je la reconnaîtrais en me faisant
un honneur d'en accepter l'effet. Il faut bien vous
dire que je ne suis pas un historien, je ne suis
qu'un littérateur, c'est-à-dire quelque chose de
complexe, mais qui a besoin d'opérer sur des bases
déjà assises et préparées. Dans mon livre sur *Port-
Royal*, j'ai moins prétendu faire une Histoire qu'un
grand portrait : portrait du monastère et de la société de ces Messieurs, et au dedans quantité de

portraits particuliers et de médaillons. J'ai tenu compte des faits extérieurs du jansénisme, mais sans m'y attacher expressément. J'ai pourtant rencontré devant moi un gros problème : Retz, coadjuteur ou archevêque, et les ennemis de Port-Royal accusant nos Messieurs d'avoir été les âmes damnées de Retz. J'ai combattu cette idée, au moins pour quelques-uns des plus intérieurs de mes solitaires. Cependant il est bien évident que le parti janséniste proprement dit était plutôt favorable à Retz. Je me suis tenu dans une plaidoirie et une apologie générale avec beaucoup de circonspection. Je vous demanderai la permission de vous adresser dans le courant de la semaine prochaine ces cinq gros volumes de *Port-Royal* de la dernière édition. Vous y trouverez au tome III, page 124 et suivantes, le résumé de ma pensée et de ma conjecture. C'est à cette occasion qu'il serait tout naturel d'indiquer en note un correctif qui est probablement nécessaire, et de renvoyer à l'*Appendice* (il y a à la fin de chaque volume un Appendice assez considérable). Or, il serait d'un prix inestimable pour moi de pouvoir insérer dans cet *Appendice* un certain nombre de pages de M. de Chantelauze, où lui-même voudrait bien, dans la mesure où il le jugerait convenable, exprimer le véritable état des choses, résultant des pièces à lui connues. Déjà, dans le Ier volume de *Port-Royal* de la seconde édition, un homme respectable qui avait de la bonté pour moi, le Père de Montézon, a bien voulu faire quelque chose de pareil pour les relations de Saint-Vincent-de-Paul avec Port-Royal. Voilà donc, cher Monsieur, quel serait mon vœu et mon ambition que votre offre aimable est venue éveiller. Je serai reconnaissant au delà de tout de pouvoir offrir à mes lecteurs de telles prémices, d'approcher sur ce point de l'entière vérité et de vous le devoir. »

Ce 12 juillet 1866.

Cher Monsieur,

. . . .

J'ai trouvé, par-ci par là, dans mes correspondances, quelques détails sur le Retz de la fin. Je vous enverrai ces bribes. Il est bien probable que, soit variation, soit affaiblissement, il a eu des velléités sincères de conversion et de pénitence dans les tout derniers temps de sa vie. Mais bientôt la nature et l'habitude reprenaient le dessus. Qui peut se vanter de connaître un seul homme?

13

Si la chose était possible, ce serait vous, cher Monsieur, après ce vaste travail d'assemblage, de comparaison et de pénétration.

Tout à vous.

Ce 31 janvier 1867.

Cher Monsieur,

Je vous reçois, je vous lis, je dévore cette quantité de choses neuves, mises en pleine lumière avec tant de droiture et d'équité. Cela est excellent, incontestable, et fera le plus grand effet. J'avise à l'instant dans ma pensée au moyen de rendre efficace et assurée l'interdiction de reproduction pour ce véritable bienfait intellectuel dont vous enrichissez mon *Port-Royal*. . . . . Je mettrai quelques lignes en tête (de votre mémoire). Je me féliciterai et je me félicite déjà de vous avoir déterminé à écrire un peu plus tôt que vous ne l'auriez fait, un mémoire si neuf, si décisif, si honorable pour l'érudit, pour l'historien, — et, permettez-moi de le dire, — pour celui aussi à l'intention de qui vous avez bien voulu le rédiger. J'attendrai impatiemment la fin, qui épuisera ce sujet jusqu'ici tout équivoque et obscur, et désormais si bien éclairci.....

Je vous remercie de l'intérêt que vous portez à ma santé : l'ensemble paraît peu atteint, mais j'ai, depuis deux mois, une grave infirmité persistante (une *rétention absolue*). Ces choses-là viennent rarement seules, et quoique nous ayons triomphé des premières complications, je me méfie toujours. C'est pourquoi je suis si pressé, et, pardonnez-moi, si pressant.

Agréez, cher Monsieur et ami, l'assurance de ma gratitude et de mes sentiments dévoués.

Ce 9 février 1867.

Cher Monsieur et ami,

Je reçois et je lis cette seconde partie. Elle est, comme la première, tout à fait décisive : il n'y aura jamais trop de citations, ces sortes de pièces étant la vraie nouveauté qui coupe court aux conjectures. Vous nous y faites voir Retz bien misérable, et s'il a eu de l'amour-propre et du faste en public, pendant la période révolutionnaire, il le paye amplement par ces misères d'intérieur et ces petitesses qui nous sont révélées..... Votre travail se partage bien en trois parties, trois époques : il épuisera la question, non-seulement du jansénisme, mais du christianisme de Retz.

..... Jusqu'à nouvel ordre, je fais ceci : j'annonce dans l'*appendice* du tome III (que j'ai déjà dû livrer à l'impression) que j'ai entre les mains l'intéressant mémoire sur Retz que j'avais promis, mais que, ne pouvant le donner en cet endroit à cause de son étendue, je le réserve pour un volume suivant où il sera parlé de Retz une dernière fois. Je combinerai ce prochain volume de telle sorte qu'il y ait lieu à un *Appendice* de 80 ou 100 pages. L'endroit que j'ai en vue répond au tome IV, p. 411, 412. Ce sera l'occasion de renvoyer à un Retz complet, à l'*Appendice*.....

Je vous remercie bien de tout ce soin si docte et si amical. J'aspire au Retz converti, si tant est qu'il le fut jamais. — Merci pour vos questions sur ma santé. L'infirmité va jusqu'ici tellement quellement sans complication.

Tout à vous, cher Monsieur et ami.

Ce 23 février 1867.

Cher Monsieur et ami,

Enfin, je l'ai lue cette fin si désirée! C'est fort curieux. Vous suivez avec une parfaite bonne foi les vicissitudes de cette vie et de cette âme. Vous

doutez là où peut-être elle eût douté elle-même de
la réalité de ses propres sentiments. La situation
où vous placez le lecteur, par cet assemblage de témoignages, est celle même où la réflexion conduit.
Je ne savais rien du tout de cette mort équivoque, et voilà jusqu'au bout de l'extraordinaire et
qui fait question. Vous m'imposez une trop grande
responsabilité en me laissant maître de quelques
suppressions dans les citations : la vérité ici consiste
dans le complet. Je vais bien réfléchir sur la manière dont il pourra être fait honneur à ce beau et
bon travail, lorsque nous en serons à l'Appendice
auquel j'ai dû le remettre et qui sera probablement, d'après ma nouvelle division, au tome V (le
tome III étant définitivement clos). Je tâcherai
surtout que le lecteur n'en perde rien. — Vous
avez mille fois raison sur M. de Talleyrand; Retz
avait tout autrement d'essor et, auprès de lui,
le prince-évêque n'était qu'un paresseux, mais un
paresseux qui a bien su prendre ses moments. —
Je vous remercie de votre bon intérêt sur ma santé.
Elle n'est pas pire, mais elle n'est pas améliorée
quant à l'essentiel. Contentons-nous de durer. —
Je suis tout à vous, cher Monsieur et ami, avec
une entière gratitude et un entier dévouement.

Ce 9 mars 1867.

Cher Monsieur et ami,

J'ai reçu cette fin ainsi modifiée. Le problème s'éclaircit, et il est mieux en effet de se défier de ces grands mystères où l'imagination se loge, comme toujours, plus volontiers que la vérité. Madame de Sévigné a l'expression charmante, mais agréablement excessive, comme une étoffe bouffante : il y a place pour en rabattre un peu. — Je pousse mon impression le plus vivement possible, afin de moins retarder le moment où je pourrai vous y insérer (*amplecti*) et vous faire tout à fait mien. Il y aura à maintenir les trois divisions du mémoire et à mettre en tête de chacune un sommaire de ce qu'elle contient. Tout cela vous passera sous les yeux en dernier ressort.

J'aime à savoir que vous avez repris ces bonnes et chères études qui sont la joie de l'esprit et qui font une consolation permise aux peines de cœur. — Je répondrai à votre bon intérêt que ma santé n'est pas pire, mais que le fait grave et permanent reste le même.

Tout à vous, cher Monsieur et ami.

Ce 27 avril 1867.

Cher Monsieur et ami,

. . . .

L'une de vos dernières lettres me parlait de Mazarin. L'histoire lui a donné raison pour cette Paix des Pyrénées, que pourtant Saint-Évremond, Turenne et le parti militaire auraient aimé à voir retarder. Ce parti peut-être avait raison; mais la paix, après les longues luttes, est un si grand bien qu'on est toujours tenté d'en bénir les auteurs, eussent-ils été un peu pressés de la conclure.

— Connaissez-vous sur Mazarin cette particularité qu'il eut, à un moment, la prétention de passer pour général et d'avoir des vues militaires? — Dans la campagne de Dunkerque et Gravelines, il aurait bien voulu avoir un certificat de général signé Turenne; mais celui-ci fit la sourde oreille. On voit cela à la suite des *Mémoires de Bouillon;* c'est à lire.....

Agréez, cher Monsieur et ami, l'assurance de mes sentiments dévoués.

Ce 18 mai 1867.

Cher Monsieur et ami,

Je vous remercie bien des bonnes paroles que vous m'adressez et dont je tâche de faire mon profit, sans pouvoir malheureusement me faire tout à fait illusion sur bien des points. L'essentiel est pour le moment que je vais mieux et que je puis suivre mon travail, — notre travail : car le mémoire sur Retz est plus qu'à demi composé; et d'ici à peu de jours, j'aurai le plaisir de vous l'envoyer à lire dans un texte tout à fait courant et sans fautes d'impression. Vous n'avez pas à vous inquiéter de l'effet : votre travail fondé sur des textes est hors de toute discussion. Les lecteurs n'auront qu'à apprendre et à profiter en le lisant. Moi-même je me persuade que cette grosse édition dernière (de Port-Royal) passera sans encombre. Il y a très-peu de juges, très-peu de plumes qui osent s'aventurer sur ces matières : et parmi celles qui, en si petit nombre, sont compétentes ou du moins intéressées à donner un avis, j'ai tellement donné de preuves de mon impartialité, même à travers mes sorties de polémique,

que je me figure que les attaques (si attaques il y a)
en seront fort amorties. Ce sont moins les adversaires théologiques qu'on a à redouter que les faux
hypocrites du monde et ceux qui font semblant
de se scandaliser : or ici, par la gravité du sujet
et par la nature des questions, nous échappons à
tous ces beaux messieurs de la chose... Vive Veuillot! Je l'aime mieux avec sa rudesse d'en face et
ses atouts.

Agréez, etc.

Ce 30 mai 1867.

Cher Monsieur et ami,

Vous devez me trouver bien lent : c'est que je
ne veux vous rien envoyer que de complet et sur
quoi vous n'ayez qu'à vous plaire en vous lisant,
comme si c'était un autre, tout couramment et
sans rien qui arrête pour la pensée et pour la cor-
rection. J'achève une révision des dix placards qui
contiennent votre Étude si intéressante, si neuve
et rajeunie même dans les parties connues. J'espère que vous ne vous apercevrez pas même des
légers raccords et rajustements qu'ont amenés les
vérifications de textes, d'autorités, etc., j'ai fait
tout cela comme pour moi. — Il est un petit point
13.

que je n'ai pas encore vérifié : c'est là où vous dites
que pendant le séjour que Rancé fit à Rome chez
Retz, celui-ci fit tous ses efforts auprès du pape,
quoique vainement, pour faire agréer de sa sain-
teté la réforme de la Trappe. Ce quoique *vainement* est-il exact? Je n'ai pas sous les yeux une *Vie
de Rancé.* L'approbation de Rome ne serait donc
venue que plus tard? Vous voyez comme je suis
scrupuleux. Puissiez-vous en vous lisant dire
comme tout lecteur dira : *C'est bien!...*

... Je presse ardemment tout ce travail du cin-
quième volume, profitant du répit que me laisse ma
santé et du bénéfice des longs jours.

A vous, cher Monsieur et ami, de tout cœur.

Ce 8 juillet 1867.

Cher Monsieur et excellent ami,

Je vais tenir compte de vos désirs. Seulement il
n'est pas possible de prendre à la fin un ton différent de celui du commencement. Soyez donc tranquille. J'ai résisté quand vous avez voulu mettre
projet sérieux de pénitence : sans résister maintenant en sens contraire, je vous trouve un peu
prompt à ne pas accorder qu'une lubie sérieuse de

pénitence n'ait point passé par cette tête à imagination vive. Je glisserai la phrase sur la conversion *morale*, tout en étant persuadé que si Retz avait été moins vieux et mieux portant, il aurait recommencé toutes ses polissonneries.

Il ne faut pas être trop honnête homme pour juger ces grands coquins. Vous apercevez-vous maintenant que vous avez eu tort de céder au conseil de cette dame, qui ne voulait pas absolument admettre que Retz révélât les confessions et en fît des gorges chaudes.

Votre mémoire a un caractère : il brille par la bonne foi ; il n'y a pas de parti pris ; vos hésitations même, accompagnées de pièces et de preuves positives, aident à la conviction du lecteur. Ne lui ôtez pas *in extremis* ce caractère. — Mais encore une fois, je tiendrai compte de vos désirs.

Merci de votre assentiment qui, de votre part, a tant de prix. L'affaire, d'ailleurs, est grosse et bien loin d'être terminée.

Je suis tout à vous de cœur.

Même jour.

Cher Monsieur et ami,

. . . .

Je trouverai moyen de mettre la phrase sur la conversion morale (de Retz) opposée à la conversion chrétienne ; mais veuillez pourtant vous demander en quoi consisterait cette conversion morale, pour peu que Retz fût plus jeune et plus vaillant. Elle consisterait peut-être à ne plus troubler l'État et pour cause : Louis XIV était présent. Mais quant aux mœurs, je doute que la réflexion eût rien changé à celles de Retz, au moins à l'égard des femmes. Toutefois, il y a une distinction à établir, et la littérature peut beaucoup de choses. Une jolie phrase crée des vraisemblances.

Excusez ces pensées qui trottent et me traversent l'esprit et sachez-moi

Bien tout à vous.

Ce 20 août 1867.

Cher Monsieur et ami,

Je vous envie d'être en ces beaux lieux [1] que je n'ai fait qu'entrevoir, il y a quelques années. J'étais

1. A Aix-les-Bains.

encore vaillant et capable de joie. — La nature n'est pas juste, et en ce moment je pense à votre spirituelle amie [1] qui a un mal de larynx : faut-il que la privation soit toujours là d'où vient le charme ? et quel plus doux charme et plus innocent qu'un entretien vif et amical en présence des plus beaux lieux ?

Je ne puis arracher à l'imprimeur les dernières feuilles de l'Appendice du 5e volume. Le tirage à part, d'où ce retard dépend peut-être (à cause de la lettre engagée), doit être terminé, mais je ne l'ai pas. Dès qu'un exemplaire me sera parvenu, vous l'aurez. L'en-tête dont vous me parlez a été laissé, sauf changement de quelques mots. Je n'ai remis

1. Il s'agit d'une femme de beaucoup d'esprit et dont le cœur vaut l'esprit, de madame Roger des Genettes, petite-fille du girondin Duffriche de Valazé, nièce du général du même nom et du célèbre docteur Des Genettes, médecin de Napoléon Ier. Des considérations de famille, il faut le dire avec regret, ont empêché cette femme distinguée de donner l'essor dans les Revues à de rares facultés littéraires. Quelques amis privilégiés qui reçoivent d'elle des lettres merveilleuses de style, de grâce, d'esprit et de bon goût, des lettres où tout coule de source, peuvent seuls se rendre compte de ce que le public a perdu en étant privé de la lire. Sainte-Beuve n'avait vu madame Roger que deux ou trois fois au plus, et avec son coup d'œil rapide et sûr il l'avait classée dans son esprit. Dans la lettre ci-dessus il fait allusion à sa conversation, qu'il avait trouvée, suivant son expression, pleine de *charme*, et dont malheureusement, depuis ce temps-là, par suite d'une maladie de larynx, ses parents et ses amis profitent trop rarement.

sur le tirage à part et je n'ai ajouté que le passage de la préface, à cause de l'espace qui manquait.

Je vois que M. de ..... n'a pas déserté les beaux lieux ni la charmante bannière que j'aime toujours à saluer de loin. Hélas ! je ne vaux guère rien de près, et j'aime peu à parler d'une santé où il est difficile de démêler les désagréments pénibles des périls plus ou moins prochains.

Veuillez offrir mes hommages à madame Roger des Genettes, et agréer, cher Monsieur et ami, mes compliments les plus affectueux.

Ce 20 septembre 1867.

« Cher Monsieur et ami,

« Je voulais toujours vous écrire, et j'attendais pour cela que notre vaisseau fût lancé et mis à flot. Mais comme il y a toujours du retard, je ne sais pourquoi, et que cela peut durer encore plus d'une quinzaine, je viens tout de suite vous remercier des aimables communications, — et de celle de votre spirituelle amie [1] qui me donne un peu de confusion, au milieu du plaisir, — et de la lettre

____

1. Madame Edma Roger des Genettes.

du général Changarnier [1], lequel je sais être une véritable autorité littéraire. Où est le temps où je le rencontrais souvent et où je jouissais de cette conversation si diversement animée et instructive? Je lui ai dû, lors de ma candidature à l'Académie, la voix de M. Lacretelle, qu'il a enlevée comme si c'était une redoute. Je n'ai jamais oublié ces temps agréables et qui font dans mon souvenir comme une autre vie antérieure et réservée. — Ne vous souciez pas de ce que disent les journaux à notre sujet; je n'ai fait aucune lecture en petit comité. Ma préface n'a que quatre pages tout au plus. Il n'y a de vrai que notre prochaine publication qui remettra tout à point et dans le vrai. — Ma santé, non plus, n'est en rien changée ni améliorée. C'est assez qu'elle ne soit pas pire.

« Agréez, etc. »

1. Sainte-Beuve fréquentait assidûment, il y a quelques années, le salon de madame d'Arbouville, femme d'une grande distinction et d'un esprit très-cultivé. Il y rencontrait souvent le général Changarnier, alors dans tout l'éclat de ses brillants faits d'armes d'Afrique. Sainte-Beuve fut frappé de la variété de ses connaissances, de ses causeries pleines d'esprit, d'originalité et de goût sur la littérature, sur les hommes et les choses de notre temps et du temps passé. L'impression qu'il en garda fut si vive, que, même après de longues années, pendant lesquelles la politique sépara les deux incomparables causeurs, le grand critique restait encore sous le charme de ces souvenirs.

Depuis cette époque, la candidature de M. Duvergier de Hauranne à l'Académie française, à laquelle s'intéressaient vivement le général et Sainte-Beuve, leur donna l'occasion de se revoir. L'illustre proscrit de l'Empire alla sans hésiter préparer le plan de cette campagne libérale et littéraire chez le plus spirituel et le moins docile des sénateurs. On se vit et on se revit avec le plus grand plaisir ; on s'entendit sur toutes les opérations stratégiques. Sainte-Beuve, le sourire sur les lèvres, disait alors à M. de Chantelauze en parlant du général, qui avait mis une certaine vivacité pour faire prévaloir ses idées : « Savez-vous qu'il croit toujours commander en chef ; il m'a presque donné des ordres. »

Le jour de la lutte venu, l'illustre critique, toujours resté fidèle au fond du cœur aux idées libérales, fit un effort surhumain. Malgré d'atroces douleurs et les dangers de cette terrible maladie de la pierre qui devait l'emporter si tôt, il eut le courage plutôt que la force d'aller à pied à l'Institut. Son dévouement, on le sait, fut inutile ; M. Duvergier de Hauranne ne fut pas élu cette fois, mais sa défaite fut glorieuse et par le nombre et par l'illustration des amis qui s'étaient groupés autour de lui.

Peu après, M. de Chantelauze alla chez Sainte-Beuve. « Avez-vous vu ces jours-ci le général ? lui dit celui-ci. C'est un des hommes bien rares de ce temps, auxquels je garde de l'estime. La fatalité n'a pas voulu qu'il ait donné toute la mesure de cette haute capacité militaire que lui reconnaissent les hommes spéciaux ; mais, en 1848, il a rendu de grands services à la cause de l'ordre ; il a respecté les lois établies, il s'est comporté en bon citoyen ; tout cela lui sera compté. Sa destinée n'est pas sans analogie avec celle de Thucydide. Ami comme lui d'une sage liberté, et victime comme lui des discordes civiles, l'exil a été sa dernière récompense. Si dans la retraite, comme on le dit, il a pris la plume pour raconter les événements auxquel il a assisté, acteur ou témoin, ses Mémoires le feront mieux connaître et le compléteront. Je ne doute pas qu'ils ne soient écrits avec esprit et talent. »

Ce 30 septembre 1867.

Cher Monsieur et ami,

Je vous renvoie les précieuses ci-jointes. Enfin, tout est tiré et au brochage. Je pense que dans une quinzaine vous recevrez vos exemplaires. J'espère que nos critiques tiendront grand compte de votre

Appendice, et que même ceux dits *cléricaux* ne vous sauront pas trop mauvais gré de l'association. Mais vous serez de toute part sommé de hâter votre publication de la correspondance Retz-Charrier.

Veuillez agréer mille bonnes amitiés.

Ce 23 juin 1868.

Mon cher ami,

. . . .

Ce bel été m'a rendu souffrant : c'est un abonnement prévu désormais et dont je ne m'affranchirai pas. Été, hiver, il y a de tout côté un motif à souffrance : heureux celui qui respire le bien-être et qui étudie !

Tout à vous, mon cher ami.

IV

LETTRES A DIVERS.

Sainte-Beuve a contribué à populariser Senancour. Avant l'étude publiée en 1833, peu de personnes en dehors du cercle des lettrés (Charles Nodier, Ampère, Stapfer, Sautelet, etc.) connaissaient et appréciaient *Oberman*. Ce livre, qui date de 1804, avait passé presque inaperçu sous l'Empire. L'article de Sainte-Beuve fut pour un grand nombre d'esprits une révélation véritable, et pour l'ouvrage un commencement de résurrection. En 1840, *Oberman*, réédité déjà par Abel Ledoux, prit place dans la bibliothèque Charpentier, ce qui était alors une sorte de consécration et une quasi-garantie de succès. Le volume était précédé d'une éloquente Introduction de Mme Sand, insérée d'abord à la *Revue des Deux Mondes*. Plus tard, Mme Sand a paru revenir de son premier enthousiasme, mais Sainte-Beuve est resté fidèle jusqu'à la fin à son culte pour le solitaire d'Imenstrom.

Lors de la publication de son cours sur Chateaubriand, Sainte-Beuve, qui réunissait tous les documents ayant trait à l'histoire littéraire du premier Empire, reçut de Mlle de Senancour communication de notes intimes, très-intéressantes, laissées par le modeste et laborieux philosophe. Il en a tiré très-bon parti dans son livre. Mlle de Senancour, personne très-distinguée elle-même, qui habite à Fontainebleau, presque sur la lisière de la forêt illustrée par son père, a bien voulu me permettre de prendre copie de la lettre que Sainte-Beuve lui écrivit pour la remercier.

« Ce 12 août 1868.

« Mademoiselle,

« Je suis profondément reconnaissant de votre bonne lettre et de votre envoi. J'ai lu avec le plus vif intérêt cette sorte de confession interne et continue. J'en ferai bon usage et vous renverrai bien exactement l'original. Si j'avais le plaisir de causer avec vous, je vous ferais voir chez un poëte anglais, M. Mathew Arnold, de belles stances à la mémoire d'*Oberman*, qui sont de l'année dernière. Quinet a aussi parlé du même Oberman dans son dernier livre sur *la Révolution*. Tout cela n'est pas sans doute ce que l'auteur lui-même ou sa fille pourrait écrire d'exact ou désirer de tout à fait vrai ; mais la gloire n'est qu'un grand nuage doré, une sorte de mirage qui plane sur le paysage réel. Oberman vivra, le nom de Senancour ne sera jamais oublié. C'est là un dédommagement pour tant de tristesses obscures, subies avec courage et constance. — Je ne serai moi-même heureux que lorsque, à propos de quelque occasion que je prévois, j'aurai prononcé le nom de l'auteur des *Traditions religieuses* dans le Sénat [1].

1. Il a tenu parole.

« Je suis tout à vous, Mademoiselle, avec gratitude et respect. »

Un de nos meilleurs poëtes, l'auteur des *Roses
d'Antan* et des *Charmeuses,* M. André Lemoyne,
pour le talent duquel Sainte-Beuve professait une
haute estime, a bien voulu nous autoriser à choisir
dans sa collection les deux lettres suivantes :

Ce 20 novembre 1859.

J'ai depuis longtemps à vous remercier, Monsieur, pour le charmant volume dans lequel vous
avez réuni des vers qui se distinguent par la vi-
gueur, la grâce ou l'élévation. Votre *Ecce homo*
est d'un beau jet et d'une noble venue. Chaque
pièce a son accent et son prix ; et à vous voir regretter le *chemin perdu,* on croirait que vous avez vécu
dans les bois ; mais l'âme du poëte lui est tout un
monde.

Agréez, Monsieur, l'expression de mes sentiments de haute estime.

Ce 15 janvier 1865.

Cher poëte,

J'ai laissé couler le torrent, avant de vous remercier de vos charmantes étrennes et de ce volume

où votre talent se présente sous des formes si variées. Vous n'y versez chaque fois qu'une goutte, mais cette goutte est du pur nectar de poésie. Je vais de l'une à l'autre, en vous lisant, mais je reviens plus délicieusement à cette pièce qui m'est dédiée [1] et qui est toute une élégie dramatique. Il me semble retrouver une de ces formes imprévues et gracieuses du poëte Uhland. Toutes ces pièces ajoutées qui composent le second livre ont, au reste, leur originalité de ton ou de pensée. Vous êtes du petit nombre de ceux qui ne chantent que quand ils ont à dire un de ces mots que leur souffle la muse.

Recevez, cher et aimable poëte, l'expression de mes sentiments de gratitude et de parfaite sympathie.

A MADAME BLANCHECOTTE [2].

Ce 21 mai 1856.

Chère Madame,

Ce qui m'ennuie, c'est qu'on ne puisse savoir contents ceux qu'on aime, qu'on ne puisse les avoir

1. *L'Étoile du berger.*
2. Le poëte réellement inspiré auquel nous devons un des plus

près de soi ou être près d'eux, c'est que la vie, à partir d'un certain moment, ne soit qu'une déroute ou un refroidissement graduel comme on nous le raconte des astres que la vie abandonne et qui vont se modifiant. Je suis un peu effrayé de vous savoir à Lyon sans personne ; je croyais qu'en vous attachant au caprice vous le fixeriez, mais le mariage, je le vois, n'est pas encore fait, et il se pourrait qu'on vous fît attendre plus qu'il ne faut.

Il y a là, à Lyon, un poëte bien distingué, M. Victor de Laprade, professeur à la faculté des Lettres ; c'est un ami tout naturel que vous avez là ; vous devriez profiter du temps de loisir et d'intérim où vous êtes pour le voir, pour le connaître. Son père est médecin, tout le monde vous donnerait son adresse.

Lyon est une ville où je suis allé souvent : les deux dernières fois que j'y suis allé, à peu de mois

touchants recueils de ce temps (*Rêves et réalités*), madame Blanche-cotte, aux travaux et aux efforts de laquelle Sainte-Beuve ne cessa jamais de s'intéresser, a bien voulu choisir pour nous, dans sa riche collection, quelques lettres tout à fait remarquables. Ce ne sont que des échantillons, mais la qualité fait désirer la quantité. Nous es-pérons que, tôt ou tard, madame Blanchecotte imprimera dans sa presque totalité cette correspondance si parfaitement honorable pour elle et pour Sainte-Beuve. En attendant, nous la remercions en notre nom et au nom de nos lecteurs de la bienveillance qu'elle a mise à nous entr'ouvrir son trésor épistolaire.

de distance, c'était pour y voir Mme ***, malade de
la maladie dont elle devait mourir, et ma meilleure
amie alors, mais une amie qui n'a pas su l'être,
hélas ! comme il le faut au cœur pour qu'il soit
entièrement rempli et satisfait, — heureux d'un
plein bonheur, — puis uniquement désolé. J'avais
déjà passé l'âge de ces bonheurs qu'on ne mérite
jamais, mais qu'on obtient sous le rayon de la jeunesse. Que sera-ce depuis?

Soignez-vous, c'est mon refrain, revenez-nous
saine et sauve, et avec une force de plus : enfin
ayez votre avenir tout entier, — trop heureux si
nous en recueillons de loin une parcelle. — Vous
savez tous mes vœux et mes sentiments dévoués.

P. S. J'ai la goutte au doigt où l'on écrit, et
mon bras prend vite la crampe. Tenez-moi bien au
courant de vos vicissitudes.

Ce mercredi 28 mai 1856.

Chère Madame,

Vous m'écrivez une fort jolie lettre ; je la reçois
seulement ce matin, ce qui m'indique la distance.
Je vois que le voyage, au milieu des inévitables
ennuis, aura pour vous ample récolte de sensations,
d'images, de vie enfin. J'y prends part de loin,

mais un peu comme un impotent dans son fauteuil qui voit des jeux d'enfants sur le rivage. Ne cherchez pas à travailler avec vos bouquins latins et les choses qui se font dans le cabinet, les persiennes baissées ; buvez l'air et la lumière et vivez par tous les pores. Profitez de cette veine active qui vous est offerte ; faites comme si vous étiez née dans ce monde-là, trouvez-vous-y à l'aise comme cela vous est si naturel, devinez (car l'esprit peut tout, et il peut surtout quand il désennuie les autres) ; devenez aussi amie qu'on peut l'être des personnes qui, après tout, apprécient l'esprit, en ayant elles-mêmes ; prenez votre rang, prenez votre essor, revenez-nous avec des provisions inépuisables et avec un *teint* acquis que vous ne perdiez plus : nous sommes toujours assez sûrs de retrouver votre bon cœur, et il ne faut pas être d'ailleurs trop égoïste avec les gens qu'on aime.

Il fut un temps où, pour les suivre, je me serais fait servant à la suite, où j'aurais ambitionné d'être moi-même du cortége, et où un quart d'heure d'émotion divine en redescendant des Charmettes m'aurait payé de tout. Mais il faut subir la loi des choses, et faire de la prose en dévorant tout seul son ennui. — Rompons là-dessus.

Vous savez que M. Amédée Renée est devenu directeur du *Constitutionnel* et du *Pays*. Un de ses premiers actes de gracieuse souveraineté a été de faire parler des *Rêves et Réalités* par M. Paulin Limayrac et de faire répéter dans les journaux de province, la lettre, à vous adressée, de M. Mocquard.

Il est arrivé à M. Villemain un accident qui aurait pu être des plus graves : il a été renversé près du Palais-Royal par un cabriolet qui lui a passé sur l'épaule. Il n'a rien de cassé, mais il est sur son canapé, fort souffrant depuis ce jour-là, vous pouvez l'imaginer ; mais on espère qu'il n'y aura aucunes suites.

Bonsoir, chère Madame, tenez-moi au courant de ce que vous sentez de nouveau et d'agréable.

Agréez mes sentiments d'attachement respectueux.

Ce dimanche soir, 1er mai 1857.

Chère Madame,

Comment êtes-vous? en quel état je vous ai laissée! par pitié, ayez un peu pitié de vous, n'ôtez pas à ceux qui vous aiment l'idée qu'on ne puisse rien pour vous et que vous défaites, par un dévouement obstiné à des choses qui n'existent si fort que parce que vous le voulez, tous les arrangements que l'amitié ferait mieux que rêver et qu'elle finirait par rendre possibles, si vous vous y prêtiez un peu plus.

Votre santé, votre organisation, c'est l'espérance, c'est l'avenir, ne le brisez pas. N'ajoutez pas aux fatigues nécessaires d'autres fatigues de surcroît et par scrupule. Voilà ce dont je vous conjure.

Je suis, demain lundi, pris dès 10 heures du matin par l'enterrement de ce pauvre et toujours cher poëte Alfred de Musset. J'ai, à 3 heures, au ministère, une commission où je suis tenu d'aller. J'ai le soir, peut-être, ou encore avant le dîner, un livre à porter chez Mme ***, qui ne part que mardi. Je ne sais donc si je pourrai vous atteindre et si vous serez vous-même à atteindre à aucun moment. Mais j'ai besoin de savoir comment vous êtes : jetez un mot, un simple mot à la poste, ce qui ne m'empêcherait pas de tenter de vous trouver à un moment quelconque.

A vous, chère Madame, de cœur et de respect.

Ce 13 juin 1860.

Chère Madame et Amie,

Je suis si souffrant du bras droit qu'il faut que vous me permettiez de dicter pour ne pas être illisible. Je vous remercie de votre bonne et cordiale lettre et des beaux vers qu'elle renferme. Je connais votre *note,* celle du cœur, et rien ne saurait me la faire oublier. Je la retrouve dans tout ce que vous chantez et *pleurez.* — J'ai été profondément touché de cette lettre de M. de Lamartine et de ce réveil d'anciens et si chers souvenirs. Il me met une couronne sur la tête et je ne me considère sacré comme poëte que depuis ce moment-là. C'était la plus ancienne et la plus douce de mes chimères, et puisque M. de Lamartine ne trouve pas que c'est une chimère, ce sera désormais ma gloire. Je suis allé l'autre jour pour le remercier, mais il était au lit et ne recevait pas.

Agréez, chère Madame, l'expression de mes tendres amitiés.

A M. ALPHONSE FEILLET [1].

Monsieur,

Je viens de lire avec grand intérêt votre savant, édifiant et effrayant ouvrage sur toutes ces misères et ces charités. Je vous remercie du bienveillant appel qui me concerne [2], j'y songerai.

Nous rencontrerons, je crois, votre livre dans nos concours à l'Académie, il y trouvera des défenseurs.

Veuillez agréer, Monsieur, etc.

25 janvier 1862.

1. L'ouvrage dont Sainte-Beuve accuse ici réception, *la Misère au temps de la Fronde*, est parvenu aujourd'hui à sa 4e édition, et a été couronné par l'Institut. J'ai parlé de cette œuvre bâtie, à chaux et à ciment, une des plus consciencieuses, des plus satisfaisantes de l'érudition moderne, dans mon volume de *Critique militante*. En ces derniers temps, M. Feillet, victime de la guerre civile, a vu brûler la maison qu'il occupait à Neuilly et, malheur plus irréparable, la riche bibliothèque qu'il avait réunie à force de recherches et de soins. Il commence en ce moment dans la collection des *grands classiques* (chez Hachette) une édition des *Mémoires du cardinal de Retz*, qui promet d'être définitive. — Pendant que ce volume s'imprimait (février 1872), M. Alphonse Feillet a été emporté en quelques jours par une attaque de paralysie. Ce consciencieux historien, qui était en même temps un excellent homme, laisse de profonds regrets à ceux qui l'ont connu et aux amis de la science historique.

2. Allusion à la page 244, où M. Feillet lui demandait de traiter la charité de Port-Royal pendant la Fronde.

14.

A M. ZACHARIE ASTRUC [1].

Ce 16 janvier 1867.

Cher Monsieur,

Je suis tout surpris cette fois de me trouver sous votre plume : le titre m'allèche et m'étonne. Je me frotte les yeux. En lisant, je me demande :

1. M. Zacharie Astruc, poëte, sculpteur et critique d'art, une des plus riches et des plus déliées organisations de notre temps, avait publié, dans *l'Étendard* du 15 janvier 1867, un intéressant et remarquable article sur l'étude consacrée par Sainte-Beuve à Horace Vernet. L'article avait pour titre *l'Horace de M. Sainte-Beuve*. La lettre du maître est des plus curieuses et le montre sous un jour assez particulier. L'Etude sur Delacroix à laquelle il fait allusion et que la mort ne lui a point permis d'écrire le préoccupait depuis longtemps. Il m'en a souvent parlé.

Non-seulement Sainte-Beuve admirait Delacroix comme peintre, mais il avait personnellement pour lui une profonde sympathie. Il lui savait gré de n'être ni rogue, ni gourmé, ni monté sur des échasses comme quelques-uns de ses confrères. Delacroix et Sainte-Beuve s'étaient rencontrés dans leur jeunesse chez Nodier, aux fameuses soirées de l'Arsenal. Ils se revirent plus tard assez fréquemment aux dîners du docteur Véron. Sainte-Beuve sortait toujours enchanté de leurs entretiens : « Vous ne pouvez vous figurer, me disait-il, combien Delacroix est accessible et bon enfant. Il parle de son art comme un simple mortel et me donne avec une complaisance parfaite toutes les explications que je lui demande. »

La puissance imaginative et créatrice de Delacroix le frappait beaucoup. Il aimait à raconter que, se trouvant un soir dans un salon en assez nombreuse compagnie, où amena du dehors, comme exhibition curieuse, un jeune Chinois. Plusieurs des invités, parmi lesquels se trouvaient Eugène Delacroix et madame Sand, s'amu-

Quoi! se peut-il que j'aie touché si juste en plus d'un endroit et que les gens du métier ne me désavouent pas? Combien je suis sensible à cette louange indirecte, imprévue! Elle est loin pourtant de m'enivrer. Ce que je sais seulement, c'est que, quand j'ai à sortir de mon domaine et à faire quelque excursion par delà mes frontières dans un art voisin, je ne me trouve jamais avoir pris assez de précautions; je recours aux bons guides; à ceux qui sont experts jurés dans la matière, et je tâche avec cela d'y joindre la vue directe des œuvres. — Ma vraie ambition dans mon genre a été celle-ci : étendre la critique littéraire à tous ceux qui ont

sèrent à *croquer* le Chinois en quelques traits de crayon. « Eh bien, ajoutait Sainte-Beuve, des sept ou huit esquisses, la seule qui ne fût point ressemblante était celle de Delacroix. » Et il concluait : « Ce n'est pas un traducteur, c'est un inventeur. »

Sainte-Beuve a eu d'autant plus de mérite à être équitable envers Horace Vernet, qu'en peinture, le romantisme obtint de bonne heure ses préférences. Un de ses premiers articles au *Globe* fut consacré à l'éloge du paysagiste Paul Huet. Il était toujours resté fidèle à ce talent délicat et mélancolique. Le peintre de l'*Inondation de Saint-Cloud* était fait pour plaire à l'auteur de *Joseph Delorme*.

En remerciant M. Zacharie Astruc de son amicale communication, nous sera-t-il permis de le presser un peu et de l'inviter avec insistance à rompre un silence qui paraît bien regrettable aux amis de l'art élevé et sincère. La plume qui a écrit *Bruno Faubert* a sans doute donné des pendants à cette étincelante fantaisie. On parle d'un manuscrit important, un assez considérable recueil de poésies intitulé *les Tolédanes*. Quand verrons-nous tout cela?

écrit, peintres, architectes, naturalistes, etc. Qu'on me donne de l'écriture de ces gens-là, des essais de description, des lettres, enfin quelque chose qui me concerne, moi lettré, et là-dessus j'ose mettre un pied et insensiblement me laisser porter à l'autre partie de l'œuvre qui fait la gloire des artistes. De cette façon, on étend le champ de la critique littéraire autant que possible, on n'est fermé par aucun côté, et l'on est, par conséquent, dans le véritable esprit moderne. C'est ainsi que j'ai osé aborder et revendiquer pour mes sujets, des naturalistes comme Ramond, des peintres comme Horace Vernet, Fromentin, etc.; des architectes comme Viollet-Le-Duc. Le comble de mes vœux, avant de m'en aller, serait de faire un Delacroix, comme je l'ai vu, connu, écouté et lu bien souvent. Voilà que je m'embarque avec vous dans une espèce de confession : prenez-vous-en à vous qui me traitez tout à fait en ami et avec des surcroîts d'indulgence.

Tout à vous.

APPENDICE

I

SAINTE-BEUVE

Ces lignes, publiées le 23 octobre 1869 dans l'*Opinion nationale*, bien peu de jours après la mort de Sainte-Beuve, ne sont ni
une appréciation ni un jugement. Elles expriment, traduisent notre
première émotion dans sa vivacité, sa sincérité. Plusieurs personnes
ont pensé qu'à ce titre nous devions reproduire ici cette esquisse
rapide où s'aperçoivent déjà, un peu confusément jetés, les principaux traits de la physionomie que nous nous proposions dès lors de
peindre avec un soin particulier. En nous rendant au vœu de nos
amis, nous avons pensé qu'il ne serait pas sans intérêt pour les
psychologues amateurs de comparer avec le tableau le dessin tracé
à la hâte, d'inspiration, en toute spontanéité.

Lorsqu'on a su dans Paris la mort de Sainte-
Beuve, le sentiment général, très-vif et très-net, a
été celui-ci : les Lettres françaises viennent de faire
une grande perte. Le même sentiment s'est marqué

aux funérailles de la façon la plus évidente. Tous
ceux qui aiment la littérature, qui en font l'occupation principale, le rêve favori ou le plus noble
délassement de leur vie, ont éprouvé une sensation
réellement douloureuse. Le conseiller bienveillant,
le guide justement autorisé, dont ils se plaisaient à
interroger l'expérience, auquel volontiers ils demandaient de les orienter, de les diriger, venait de
disparaître brusquement. Un vide se faisait dans
leur existence intellectuelle, une très-soudaine et
très-pénible interruption dans leurs plus chères
habitudes.

Pour les lettrés, en effet, — et on a pu voir le
16 octobre dernier qu'il y en a encore un bon nombre dans ce pays-ci, — Sainte-Beuve était, qu'on
me passe le mot, une habitude. On était habitué à
cette production ininterrompue, toujours variée,
toujours agréable, toujours instructive, toujours en
pointe et en veine de nouveauté. Le public, qui n'est
pas forcé de savoir ce qu'on dépense d'énergie pour
l'éclairer ou lui plaire, trouvait tout naturel de voir
depuis des années cet homme de talent tenir et
gagner, comme en se jouant, la plus difficile des
gageures. Il semblait que l'exquis et intarissable
écrivain ne dût jamais s'arrêter, jamais cesser sa

tâche. Quand le bruit s'est répandu qu'il avait suc-
combé à la peine, qu'il était tombé sur son champ
d'honneur à lui, en composant et travaillant, l'étonnement a été extrême. « Quoi, déjà ! quoi, sitôt ! »
s'est-on écrié.

Entendons-nous, cependant. N'exagérons rien
en parlant de l'homme qui détestait le plus l'exagération. Si la destinée de Sainte-Beuve, comme
historien littéraire, comme critique, peut-être
même comme orateur spirituellement libéral, était
loin d'être achevée, elle était pourtant, dans le sens
du développement régulier et progressif, suffisamment, largement accomplie. Sans doute — et c'est
un malheur que l'on doit sérieusement déplorer—
ce délicat et abondant esprit n'avait pas porté tous
ses fruits, poussé toutes ses fleurs ; bien des pages
charmantes, distinguées, légèrement ironiques dans
la forme, substantielles au fond, seraient encore
tombées de sa plume.

On ne saurait dire, malgré cela, qu'il n'eût point
dessiné les lignes principales de son talent, exprimé l'essentiel de sa pensée, accusé son éminente
individualité jusque dans les moindres détails,
pleinement donné sa mesure. Il est de ceux qui
auraient pu étendre et perfectionner indéfiniment

leur œuvre, mais qui, en définitive, en laissent une considérable, sur laquelle ils peuvent être discutés, jugés, loués.

Au point de vue de l'enseignement familier du goût, de cet enseignement par la presse quotidienne dont Sainte-Beuve était, sinon le créateur, au moins le propagateur le plus actif et le plus écouté, la perte, j'y insiste, est très-grande et l'impression publique en ce sens a été absolument juste. Au *Constitutionnel* d'abord, puis au *Moniteur*, et enfin au *Temps*, il a rendu de précieux, d'inestimables services aux amateurs des lettres et aux littérateurs.

Il se faisait un plaisir de donner, selon sa propre expression, le premier coup de cloche. Plus d'un talent aujourd'hui accepté, reconnu, acclamé, doit à Sainte-Beuve son baptême de renommée. Assurément, pour ne citer que les plus en vue, MM. Flaubert, Taine, Scherer seraient arrivés par leur incontestable mérite, à une brillante réputation ; mais y seraient-ils arrivés sans difficulté et d'un seul bond ? Il est permis d'en douter. Grâce à la sagacité du maître, à sa netteté d'affirmation, ils ont brûlé les étapes intermédiaires et touché le but presque dès le départ.

Un article de Sainte-Beuve dispensait des longueurs du stage en littérature, et tel écrivain de premier mérite—M. Emile Montégut, par exemple, M. Leconte de Lisle, — pour n'avoir pas obtenu à temps et expressément ce témoignage favorable, a vu sa carrière devenir plus laborieuse, son nom demeurer pendant des années dans le demi-jour.

Même en faisant la part des caprices, des erreurs inévitables, de tout ce qui est inhérent à la faiblesse humaine, il faut reconnaître qu'en général Sainte-Beuve s'est remarquablement et dignement acquitté de la tâche qu'il s'était imposée. Les littérateurs travaillaient avec plus de cœur et d'entrain en sentant la possibilité d'être devinés et signalés. Le public, volontiers rétif aux nouvelles admirations et aux réputations naissantes, trop affairé d'une part, trop négligent de l'autre, pour allumer la lanterne de Diogène et chercher les hommes de talent, semblait avoir fait avec l'illustre critique une sorte de pacte tacite. Il s'en remettait à lui sur ce point et n'avait pas à se repentir de sa confiance. Voilà une fonction qui va rester vacante et à laquelle un décret ne saurait pourvoir. Les bons critiques ne manquent pourtant pas. J'en sais même d'excellents et de tout à fait supérieurs ; mais l'autorité ne s'acquiert pas en un jour, et il s'écoulera bien du temps avant que, sous ce rapport, Sainte-Beuve soit remplacé.

Au goût vif pour la jeunesse, l'originalité, l'innovation dans l'art, qui est une des parties indispensables du critique, Sainte-Beuve joignait un amour pour l'antiquité, très-sincère, nullement joué, qui allait jusqu'à l'enthousiasme. Aussi en parlait-il à merveille, avec le parfait naturel d'un homme de bonne compagnie. Rien chez lui ne sentait le pédant, le savant en *us*. Je viens de lire dans le tome XIe des *Causeries du lundi*, paru, je crois, le jour de sa mort, un article sur une édition de Virgile. Le sujet de lui-même est assez aride. Il offrait de plus, à quelqu'un qui a écrit sur Virgile tout un volume, et qui semble avoir épuisé la matière, une difficulté en apparence insurmontable ; eh bien ! l'habile critique s'en est tiré avec une incomparable aisance, esquivant ou adoucissant les aspérités, ne se répétant jamais.

Maint lecteur distrait, superficiel, peu soucieux des Latins et des Grecs, a été, j'en suis sûr, attiré vers les anciens par ces aimables et solides études, où la simplicité du génie antique apparaissait plus séduisante et plus belle à la clarté de l'esprit moderne. Et ce que je dis de l'antiquité, il faut, pour être juste, l'étendre à tout l'ensemble de l'histoire littéraire, particulièrement à celle des trois derniers siècles dans notre pays. Sainte-Beuve avait au plus haut degré, sur chaque point important, sur chaque homme célèbre ou même simplement distingué, non-seulement l'information précise, le renseignement essentiel, mais, ce qui est bien plus rare, la vraie et intime tradition. Les *Portraits littéraires*, le *Tableau de la poésie au seizième siècle*, les *Causeries du lundi* et quelques parties de *Port-Royal* forment certainement le cours de littérature le plus complet, le plus agréable et surtout le plus vivant qui ait été écrit dans notre langue. Il durait depuis plus de quarante ans sans interruption, et l'auditoire ne se lassait pas plus de prêter attention au professeur que celui-ci de communiquer à tous, sous une forme à la fois élégante et courante, les résultats de son immense acquisition toujours continuée.

Si l'œuvre d'un écrivain se peut comparer, comme on le fait souvent, à un édifice, je dirai que l'on doit considérer cette partie du monument élevé par Sainte-Beuve comme très-solide et à l'abri des injures du temps. Ceci s'applique surtout, dans ma pensée, à ce qui a trait à nos trois grands siècles littéraires. Sur Rabelais, Montaigne, Molière, Voltaire, on ajoutera peu à ce qu'il a dit; on ne réfutera aucun des faits qu'il a produits : je connais assez son procédé sévère et son étonnante exactitude pour en répondre. En sera-t-il de même quant à ses jugements sur les contemporains ? C'est là, on peut en être sûr, que viseront les objections et que se livrera la bataille définitive.

Certains portraits, ceux de Chateaubriand, de Béranger, d'Alfred de Vigny, ont été retouchés, modifiés, recommencés à plus d'une reprise et sous des inspirations diverses. Sainte-Beuve a débuté par y mettre beaucoup de poésie ; les finesses, les malices sont venues plus tard ; puis, tout à la fin, l'humeur, le désappointement, un peu d'amertume. Sont-ce les modèles qui ont changé? Est-ce le peintre? Les deux opinions ont été débattues avec vivacité ; elles le sont encore. Il serait nécessaire, pour intervenir dans le débat avec quelque utilité, d'aller au fond de la méthode de Sainte-Beuve, ce qui ne se peut faire sans toucher à la nature de son esprit, de son caractère, sans entrer dans des détails assez étendus sur les particularités intéressantes et les phases successives de sa biographie morale.

Je ne renonce pas à tenter un jour cette curieuse
et instructive étude ; mais il n'y a point d'inconvénient à la différer, et quoique ce soit aujourd'hui
la mode de prononcer, de juger à la vapeur, j'estime
qu'avant de soumettre à un examen définitif l'œuvre et la vie d'un homme supérieur qu'on a connu,
qu'on a aimé, d'un éminent écrivain qu'on admire,
il n'est pas mauvais de prendre le temps de la réflexion et de se recueillir.

Cependant, comme je ne veux pas que l'on me
puisse soupçonner d'avoir soulevé une difficulté pour
l'éluder aussitôt, je reconnaîtrai sans peine que la
mobilité de Sainte-Beuve lui a fait quelquefois
troubler et déranger l'harmonie de ses plus beaux
portraits ; mais je ne me sens pas le courage de
condamner d'une manière absolue cette mobilité,
car elle prenait sa source dans le plus honorable
des sentiments, dans l'impérieux besoin de l'exactitude, disons mieux, de la vérité à tout prix.

Sainte-Beuve, qui pouvait avoir et qui a eu,
comme tout le monde, ses inégalités d'humeur, ses
hésitations de volonté, ses bouffées d'ambition,
était le désintéressement même. S'il a traversé
bien des milieux sans s'y arrêter, en y conservant
d'ailleurs des amitiés fidèles ; s'il les a jugés avec

l'entière indépendance d'esprit qui est la qualité, le devoir du critique, il en a mis aussi en lumière, avec une complaisance que des censeurs sévères ont parfois trouvée excessive, les mérites, les vertus, les beaux côtés. Quand il s'est éloigné, c'est que ce qui pour les autres était vérité complète ne lui apparaissait que comme une vérité partielle.

Je n'ai à me décider en ce moment ni pour ni contre les doctrines qu'il a désertées. J'explique le secret mobile de sa conduite. Ce mobile était purement intellectuel. Sainte-Beuve a été véritablement le juif-errant du monde moral. On peut l'en plaindre, on peut se proposer de ne pas l'imiter, mais il convient de ne le blâmer qu'avec réserve et après s'être assuré qu'on est soi-même en état de jeter la première pierre.

Ce n'est pas au moment de finir et en deux mots que l'on doit apprécier et discuter les actes publics d'un homme plus fait pour l'étude que pour la politique, mais je ne puis m'empêcher de rappeler que si la mobilité de Sainte-Beuve lui a suggéré des résolutions que ceux qui l'aimaient n'ont pas toujours pu approuver, elle ne lui a point permis de s'associer au quiétisme béat des satisfaits. On a vu par ses discours au Sénat que la vérité avait gardé pour lui tout son attrait. On l'a vu mieux encore au jour suprême ; car il a eu le courage, si rare chez les hommes de notre temps, d'être vrai jusque dans la mort. C'est ce qui a désarmé les rancunes et redoublé les sympathies. Peut-être, lorsque l'avenir jugera Sainte-Beuve, sera-ce ce dernier trait qui fera pencher la balance en sa faveur.

J'ai parlé plusieurs fois, dans cette dernière partie, de mon article sur *Chateaubriand*. On a vu comment Sainte-Beuve l'appréciait. Le lecteur pourrait avoir le désir de contrôler et de vérifier ce jugement, c'est ce qui me détermine à joindre ici cette étude. En lisant dans *la Piété au XIXe siècle*[1] mon essai sur *Port-Royal*, on aura sous les yeux tout ce que j'ai écrit d'un peu considérable sur Sainte-Beuve.

1. Michel Lévy.

CHATEAUBRIAND [1]

L'HOMME ET LA LÉGENDE

Chateaubriand, mort en 1848, nous semble déjà un classique, presque un ancien ; Balzac, qui n'a pas tardé à le suivre (1850), reste présent à nos esprits et notre contemporain le plus actif. Il est au milieu de nous, parlant et vivant ; qu'il nous inspire ou qu'il nous égare, son influence, poussée jusqu'à la domination, s'exerce encore chaque jour sur nos essais et nos tendances. Pour ces deux puissants écrivains, la gloire est venue aussi com-

1. *Chateaubriand et son groupe littéraire sous l'Empire,* par M. Sainte-Beuve.

plète qu'il leur était permis de la désirer ; pour un
seul a commencé ce prestigieux lointain propice à
l'indulgence et favorable à l'illusion. L'explication
de cette apparente inégalité tient dans un mot : le
mouvement qui partait de Chateaubriand et se rattachait à lui est épuisé, tandis que l'impulsion donnée par Balzac se continue victorieusement et se
prolonge.

C'est en effet un beau privilége, uniquement
conféré aux hommes supérieurs, que de garder,
par une survivance mystérieuse, le gouvernement
des intelligences, et de ne point abdiquer, même
devant la tombe. On dirait qu'ils sont chargés de
nous faire accomplir une évolution indispensable
et de contraindre notre inertie à franchir une
étape, prescrite par le cours des événements, par
les besoins de l'humanité. Leur périssable existence n'ayant pu suffire à cette tâche, une Justice
qui vaut mieux que la nôtre leur accorde un dernier sursis en leur attribuant une faculté de rayon-
ner et de s'étendre, assez large pour avoir toute
son efficacité, assez restreinte pour demeurer dans
ses limites, sans empiéter sur la mission d'autrui.
Pendant un certain temps, ils vont ainsi, guides
invisibles, habiles à nous exciter, à nous diriger ;

15.

puis une ligne se rencontre soudain, une barrière
où s'arrête leur course. Le monde les quitte et
s'embarque avec un nouveau pilote; ils quittent le
monde à leur tour, l'heure a sonné pour eux de
l'abandonner définitivement. Ce jour-là ils meu-
rent une seconde fois. Mais aussi leurs imperfections désormais ne nous frappent plus, leurs défauts s'effacent de notre mémoire, on ne voit, on
ne veut voir que les qualités brillantes et le génie;
de grands hommes ils passent demi-dieux, quelquefois dieux tout à fait. Dès que la terre leur
échappe, ils entrent dans l'Olympe.

Je ne crois pas trop me hasarder en affirmant
que, depuis quelques années, le public observe à
l'égard de Chateaubriand cette respectueuse indifférence et cette tiède adoration. Agissant avec lui à
la française, nous l'avons encensé, consacré et oublié. Des publications importantes et de nature à
piquer notre curiosité engourdie, — la *Correspondance* de madame Récamier, irritante à force de
discret arrangement, et le livre très-nourri, très-
intéressant, de M. de Marcellus (*Chateaubriand et
son temps*), — nous ont apporté de nombreuses
informations et n'ont guère réussi à raviver l'enthousiasme. Déterminés à nous en tenir, comme

impression et comme jugement, aux *Mémoires
d'outre-tombe*, qui nous épargnaient la peine de
bâtir nous-mêmes une biographie, et qui d'ailleurs
concordaient passablement avec les récents ouvrages que je viens de citer, nous n'avons eu
garde, en véritables paresseux, de soumettre à
un contrôle quelconque notre admiration somno-
lente.

On va se réveiller, surpris et inquiet, en lisant
les deux volumes de M. Sainte-Beuve. Il ne s'agit
plus ici, est-il besoin de l'indiquer? d'appréciations
en gros ni de vagues à peu près. Un esprit délicat
et pénétrant, éminent dans l'ordre de la critique,
rallie, à un moment donné, et concentre autour
d'un sujet ses puissances d'investigation, de sagacité, de recherche patiente, de clairvoyance morale, éparses tout à l'heure et répandues sur diverses
matières. Par sa prodigieuse culture, par un exercice continuel de l'art d'écrire et une incessante
habitude de l'analyse littéraire, cet esprit se trouve
rompu aux traditions, aux origines, aux formes,
aux procédés et aux *recettes*. On ne lui peut rien
dissimuler, rarement on le trompe, on ne l'étonne
jamais. Ajoutez à cela que M. Sainte-Beuve a
connu personnellement et souvent vu dans l'inti-

mité le modèle qu'il s'est proposé de peindre; qu'à plusieurs reprises déjà, attentif à ses brusques variations d'attitude, et selon que les années, en avançant, déplaçaient la lumière, il en a tracé de remarquables portraits; et vous comprendrez de quel poids, de quelle autorité doit être pour nous ce témoignage sur Chateaubriand, lorsqu'il se manifeste à loisir, après une mûre réflexion, en pleine assurance et liberté.

La clarté sévère, l'implacable précision de ce livre empruntent à la disposition extérieure et à la gravité du ton un ascendant décisif. On se sent volontiers d'humeur à contester aux articles de journaux, même réunis en volume et remaniés, le droit de porter sur un auteur ou sur une œuvre une sentence capitale et sans appel. La vivacité de la passion, l'entraînement momentané, la nécessité d'une production hâtive, le courant impétueux et partial de l'opinion publique auquel les plus fermes ne savent pas toujours faire face : autant de raisons de se méfier et de n'accepter les rigueurs de l'arrêt que sous bénéfice d'inventaire. Ces préventions que légitiment parfois aux yeux de la foule la précipitation ou l'ignorance de journalistes versatiles sont en général fort exagérées; mais dans tous les cas, en ce qui touche l'ouvrage de M. Sainte-Beuve, il n'y a pas lieu un seul instant à les invoquer. Un cours professé en Belgique devant des jeunes gens, dans une chaire officielle, un cours de littérature et de morale s'appliquant aux commencements et aux initiateurs de notre dix-neuvième siècle, tel est dans sa forme primitive, sérieuse, naturelle, le *Chateaubriand* que nous lisons aujourd'hui légèrement corrigé peut-être dans sa rédaction, très-identique et persistant quant au fond des idées.

Cette allure posée, cette marche assez semblable, par sa lenteur circonspecte, à la démonstration scientifique, sont ce qu'il y a de plus rassurant pour le lecteur consciencieux et de plus accablant pour l'écrivain mis ou remis en question. Les preuves, les détails, les exemples, les comparaisons abondent; la louange descend de haut, mais le blâme aussi. Et lorsque le critique-professeur se nomme Sainte-Beuve, sa politesse exquise, sa modération distinguée, son talent de style, son originalité de méthode déconcertent votre routine, mettent vos préjugés au pied du mur, et, sans avoir l'air d'y toucher, entament votre conviction.

J'ai résisté de mon mieux (pas autant que je

l'aurais voulu)! et si je donne cette caractéristique minutieuse d'un livre brillant et plein d'attrait, si j'en soumets le signalement exact aux personnes que les problèmes délicats de la pureté dans le goût, de l'honneur dans la vie, intéressent et passionnent encore, c'est pour que du moins, prévenues sinon fortifiées, elles ne cèdent qu'à la dernière extrémité au chant des sirènes et retardent leur défaite aussi longtemps que possible.

Laissant de côté dès à présent ces commentaires et ces précautions que demandait l'équité, et que je ne me crois jamais en droit de refuser à ma conscience, je vais répondre à une interrogation que mes paroles font naître nécessairement, et que je ne songe, en aucune façon, à éluder. Cette interrogation, la voici : L'ouvrage de M. Sainte-Beuve est-il, en résumé, défavorable et contraire à Chateaubriand? La réputation de cet irrésistible enchanteur demeure-t-elle intacte, son attitude dominatrice, sa statue inviolée? Par un de ces revirements si fréquents chez nous, allons-nous voir son nom baisser ou monter? De ce jugement, de cette épreuve va-t-il sortir agrandi ou amoindri?

Avant de continuer et de nous engager dans l'intime analyse qui peut seule fournir les éléments

d'une réponse, il est bon d'exprimer une remarque
préalable, suggérée par le sens commun et la con-
venance. Si important que soit un travail, si complète et si considérable que soit une monographie
écrite par l'auteur le mieux informé, le plus au
courant, cela ne suffira pas dans une époque aussi
agitée de sentiments et d'idées contradictoires,
aussi remuante et troublée que la nôtre, pour
changer entièrement et, en quelque sorte, retourner l'opinion générale sur le compte d'un
homme accepté pendant quarante ans, et révéré en
vertu d'un acquiescement unanime. Cette monographie réussira sans doute à éclairer quelques
esprits sérieux, à redresser un certain nombre
d'erreurs, à empêcher, grâce à son impartialité
froide, la légende de se former trop rapide ou trop
grossière; mais sur la plupart des points principaux, son influence sera déjouée, son action en-
travée par l'attachement systématique des uns, la
fidélité intéressée et opiniâtre des autres, l'inerte
indifférence de la majorité. Ce ne sera qu'un témoignage de plus, excellent à recueillir, dont le
moraliste fera son profit et que l'histoire ne négli-
gera pas de classer à son rang.

Cette réserve établie, et je devais l'accuser nettement pour ne rien amplifier, pour conserver aux choses leurs proportions, j'avouerai que l'impression causée par le livre de M. Sainte-Beuve, impression durable et qui s'accroît à la réflexion plutôt qu'elle ne s'atténue, est terrible et vraiment funeste à Chateaubriand. Je ne puis évidemment exposer ici que ma sensation personnelle, et je me borne à rapporter l'effet produit sur moi par cette lecture. Je l'ai entreprise dans les meilleures conditions d'appréciation équitable et calme. Pendant les deux dernières années, j'avais eu assez souvent l'occasion de revenir sur Chateaubriand et de me familiariser avec lui. Toutefois, je n'étais nullement dans une veine d'enthousiasme, ni dans une disposition *chateaubrianesque* (qui n'a jamais été et ne sera jamais la mienne) ; l'espoir de détails piquants mêlés à d'ingénieux préceptes affriandait ma curiosité et m'attirait vers ces deux gros volumes. J'y ai rencontré, en effet, ce mélange, non pas dans la mesure que je rêvais, mais artistement combiné par une main de maître, insinuant breuvage, propre à ébranler les plus solides cerveaux. Pour mon compte, en un tel sujet, j'aime mieux les préceptes que les détails. Je félicite les élèves qui ont pu profiter directement de ces leçons, animées

par la chaude interprétation du geste, du regard et
de l'accent ; je les félicite de leur inestimable
chance. A vingt ans, à cet âge sacré où les paroles se
gravent dans la mémoire docile, où l'âme croyante
reçoit les enseignements avec une affectueuse avidité, avoir un Sainte-Beuve pour guide et institu-
teur en littérature est une de ces bonnes fortunes
que les seules révolutions rendent vraisemblables,
et que nous avons aujourd'hui la tentation d'en-
vier à l'École normale [1].

La partie purement littéraire du *Chateaubriand*
est fine, judicieuse et suffisamment concluante.
Les grandes beautés qui, en rompant avec la forme
du dix-huitième siècle, ont renouvelé, pour ainsi
dire, l'atmosphère poétique, et imprimé un généreux élan au mouvement glorieux et confus de la
Restauration, sont reconnues, proclamées et saluées
avec respect. M. Sainte-Beuve précise le rôle de
Chateaubriand, il lui conserve son royaume et l'y
affermit, seulement il en resserre les limites ; il
nous montre ce noble talent dans sa haute et véritable fonction, vaillant *éclaireur*, destiné à pré-
céder les intelligences, mais aussi incapable de les

1. Décembre 1860.

gouverner que de régler d'une manière digne et prévoyante son existence intime.

Il était impossible qu'un habile critique n'aperçût point du premier coup d'œil et s'abstînt de signaler ces lignes générales, ces sommets dominants. On devait également s'attendre à le trouver choqué jusqu'à l'irritation et révolté des disparates, des *poses* prétentieuses, de l'emphase ridicule, du ton exagéré, de l'affectation continuelle. C'est ce qui est arrivé, et, selon mon sentiment, trop arrivé. Correctifs, restrictions, observations, remarques, sous-entendus, réticences pullulent et fourmillent. Il se produit subitement une foule de petites clartés qui prennent le sujet à revers, l'illuminent à contre-jour, et vous détournent du chemin frayé que vous suiviez avec une confiante bonhomie. Ébloui par ces feux follets très-malicieux, on y voit tant et tellement qu'on n'y voit plus. Craignez aussi les notes : elles semblent innocemment dormir au bas des pages, et soudain, comme des pois fulminants, elles éclatent devant le promeneur inoffensif qu'elles font tressauter.

Chateaubriand littérateur reçoit donc un assez grand nombre de ces menues flèches. Quant à l'homme, étudié dans sa conduite et son caractère,

il en est percé, hérissé, criblé. C'est une grêle de
traits. Adieu le Chateaubriand solennel, drapé dans
son dédain et paré de sa douleur ; désormais, je le
crains bien, il nous faudra, en partie du moins, y
renoncer. Devant ces assertions positives, ces anec-
doctes puisées à la source, ces révélations plus
complètes parfois qu'on ne le désirerait, on demeure muet et désarmé. On obéirait volontiers à
un vague besoin de protester *quand même;* malheureusement, sur ce terrain des détails, on est
contraint de s'incliner en face d'allégations incontestables et de se résigner à passer condamnation
sur ce que l'on ignore. C'est comme au tribunal,
lorsqu'un avocat s'appuie tout à coup sur une pièce
probante qu'il a jusqu'à ce moment soigneusement
dissimulée, son adversaire, fût-il le plus éloquent
des orateurs, Jules Favre en personne si vous
voulez, reste bouche close et retombe accablé sur
son siége.

« De cette épreuve, Chateaubriand va-t-il sortir
agrandi ou amoindri? » Telle est la question que
nous nous posions an début de notre analyse. Nous
sommes actuellement en mesure de fournir à cette
interrogation une réponse satisfaisante. — Il en
sortira, pouvons-nous affirmer avec assurance,

limité, réduit et démasqué. Et cependant, prestige mensonger ou légitime auréole, malgré son manque de sincérité (le plus impardonnable de ses torts !), malgré ses travers d'esprit, ses aberrations de cœur, ses vices littéraires, évidents pour tous, après l'ouvrage de M. Sainte-Beuve, l'auteur du *Génie du Christianisme*, de *René,* des *Mémoires d'outre-tombe* gardera toujours le signe distinctif qui l'isole des autres hommes dans notre monde de pygmées : ce signe, c'est la grandeur.

Attachons-nous à cette conviction et ne nous en écartons point. Le *Chateaubriand* de M. Sainte-Beuve m'a renseigné beaucoup plus qu'il ne m'a converti. Il n'est à aucun degré dans mes habitudes d'afficher des idolâtries de commande ; la franchise avec laquelle, en essayant de protéger les côtés élevés, j'avoue les faiblesses et les erreurs, témoigne de l'entière impartialité que j'apporte dans cette étude. Depuis le jour où, dans mon for intérieur, il m'a été possible de me prononcer sur le compte de Chateaubriand et d'arrêter mon opinion, je me suis toujours tenu envers lui à une égale distance de l'adoration puérile et de la sévérité inconsidérée, aussi loin de grossir la foule de ses disciples que de me joindre à ses détracteurs.

Et cependant j'ai souffert (d'autres comme moi souffriront !) de voir s'évanouir sous une lumière perçante et intense, quoique savamment diffuse, certaines parties, certaines obscurités grandioses de cette renommée. C'est précisément parce que je n'avais en moi qu'une image flottante et un peu indécise de Chateaubriand, — un souvenir affectueux et non un culte, — que la sensation d'amoindrissement et de regret a été plus poignante.

Il y a des choses que nous ne voulions pas savoir, que nous répugnons à connaître. Le second volume, sous ce titre : *Extrait de Mémoires inédits*, contient douze pages de trop. (Elles ne sont pas de M. Sainte-Beuve.) Je ne saurais plaindre la femme qui a eu le triste courage de les écrire ; elle mérite un blâme sans restriction, une condamnation absolue. Ces pages m'ont révolté ; en les lisant, les énergiques et brûlantes paroles me montaient aux lèvres. O René ! nature ardente et insatiable, mais noble et poétique, toi qui as aimé Amélie, Céluta, Atala, Cymodocée ; toi que cette admirable madame de Beaumont a chéri jusqu'à en mourir, toi que les souveraines par le rang, la grâce et la beauté ont courtisé follement, devais-tu donc oublier que lorsqu'on a déjà un pied dans le tombeau, lorsqu'on appartient aux pudeurs sacrées de la vieillesse, on n'attable pas aux guinguettes de la banlieue un front sillonné de douleur et une gloire de cinquante années !

On ne poursuit et l'on n'atteint la justice qu'à force de désintéressement opiniâtre. Il est aussi difficile de la manifester que de la posséder. L'entretenir scrupuleusement en soi, la réaliser dans notre conscience ne serait rien, si dans notre langage nous ne rendions visibles et lumineuses pour tous ses nuances les plus fugitives. De là bien des précautions et des vérifications vigilantes en dehors desquelles la critique destinée aux esprits sérieux et offerte aux honnêtes gens n'existe pas. Je ne regarderai cet article comme exprimant exactement ma pensée qu'après avoir ajouté deux mots, — deux derniers mots — de redressement et d'équité large, l'un sur M. Sainte-Beuve, l'autre sur Chateaubriand.

Lorsqu'on publie en 1860 un ouvrage composé, un cours professé de 1848 à 1849, on s'expose à ce que l'effet produit ne réponde point rigoureusement à l'intention originale, ou même à ce qu'il la trahisse. Dans le cas présent, la faute est aux circonstances, non à l'auteur, la simple convenance nous ordonne de le constater. Jeté dans la circulation morale à son moment, ce livre eût porté coup et tranché net le câble qui nous retenait aux débris malsains du Romantisme. Depuis trente ans on abusait de l'imagination. Les hardiesses avaient conduit aux témérités et les témérités aux folies. De ce mouvement déplorable qui se prolongeait misérablement, sans motif, sans fécondité, sans issue possible, la responsabilité remontait en ligne directe à Chateaubriand. Ses œuvres figuraient à merveille le Cheval de bois d'où sortaient et derrière lequel, au besoin, s'abritaient le manque de mesure dans les idées et l'affectation dans le style. Plusieurs écrivains (et pas des meilleurs) invoquaient en lui une autorité. M. Sainte-Beuve, avec sa rapidité de tact et sa sensibilité de goût, comprit l'étendue, la gravité du danger et l'attaqua dans sa racine, le combattit dans son principe. Il intervint au nom de la raison, du sentiment et de la langue française.

Le courant a changé : nous étions romantiques, nous sommes réalistes; peut-être finirons-nous par devenir raisonnables. Un plaidoyer contre l'imagination, si judicieux qu'il soit, nous semble aujourd'hui arriver trop tard. La lassitude, la soif du nouveau, une inquiétude vague, et aussi, reconnaissons-le pour ne rien rapetisser, une nécessité impérieuse et presque providentielle, ont précipité notre nation mobile et chercheuse dans un système littéraire tout opposé à celui de la Restauration et du gouvernement de Juillet, et qui n'est à son tour, je le pense, qu'une transition. Du reste, M. Sainte-Beuve ne s'est point contenté de deviner cette disposition générale, il a essayé, avec une décision qu'on a voulu taxer d'imprudence, de la régler et de la modérer en l'encourageant. Ses *Causeries du Lundi*, celles qui roulent sur nos contemporains militants, ont accompli sur-le-champ et d'une manière efficace ce que son *Chateaubriand* n'aurait amené qu'à la longue et par un détour. Le plus terrible ennemi de l'imagination, n'est-ce pas la haute vérité humaine, interprétée et idéalisée ?

Et pourtant, cette imagination, elle a ses douceurs ineffables, ses séductions, ses ravissements, ses splendeurs ; elle est capricieuse comme les fées, comme les fées elle est généreuse. Et puis, ne l'oublions jamais : muse dédaigneuse de la terre, impatiente du joug, haïssant la poussière et la fange, elle a ce qui emporte et ce qui égare, ce qui

élève et divinise : des ailes. J'en atteste Chateaubriand lui-même. Si d'une telle envergure il a
plané au-dessus de notre siècle, c'est qu'il trouvait
dans son élan intérieur une ressource toujours
renouvelée, une infinie puissance d'essor. Il a troublé les âmes, mais il les a lancées en avant. Il a
enflammé les esprits, c'est un mal sans doute; cela
vaut mieux cependant que de les éteindre. On le
voit à l'origine de nos désordres littéraires; on le
rencontre également au début de nos plus sympathiques talents, des plus purs, des plus admirés.
Parmi les inconnus, les obscurs, parmi ceux qui ne
sont ni George Sand, ni Edgar Quinet, ni Ampère,
ni Maurice de Guérin, combien ont été bercés aux
riches cadences de sa belle prose, aux harmonies
de son rhythme !

Faut-il, en terminant, condamner une aussi
prodigieuse, une aussi rare créature ? Qui l'oserait ?
La main tremblerait à écrire la sentence, le cœur
manquerait pour la mettre à exécution. Qu'il soit
beaucoup pardonné à Chateaubriand, parce qu'il a
beaucoup souffert ! Voilons les pieds d'argile et ne
contemplons que le visage inspiré. Soyons indul-
gents au génie. — Je crois, en m'exprimant ainsi,
traduire le vœu secret et l'intime désir de M.

Sainte-Beuve. J'avais besoin de cette conviction, de cette illusion peut-être, pour résister sans faiblesse à cet homme éminent. « Sachez-le bien, me disait dernièrement encore un écrivain illustre, — conscience et lumière de notre histoire nationale, — sachez-le bien, Sainte-Beuve est le premier critique de notre temps ! »

FIN

TABLE DES MATIÈRES

Paris. — Typ. PILLET fils aîné, rue des Grands-Augustins, 5.